서지선 글 | 지수 그림

사계절

들어가며

현지인의 삶 속으로 들어가는 여행

　바이러스로 인해 잠시 움츠러들었지만, 우리는 여행을 자유로이 다닐 수 있는 시대에 살고 있습니다. 덕분에 우리는 다양한 나라를 방문해 새로운 문화를 접할 수 있지요. 제 얘기를 잠시 해 볼까요? 저는 여러분과 비슷한 나이에 세계 지도에 빠져들었어요. 세계 지도를 사랑하게 된 계기는 바로 첫 해외여행 덕분이었답니다. 저의 첫 해외여행지는 중국의 수도 베이징이었어요. 처음으로 해외여행을 갔더니 세상 모든 것이 신기한 거예요. 고작 2시간 정도 비행기를 타고 왔을 뿐인데, 쓰는 말과 글자가 다르고, 사람들의 생김새도 조금 다른 것 같고, 먹는 음식도, 마시는 음료도, 모든 것이 낯설고 신기했어요. 집으로 돌아와서 세계 지도를 펼쳐 봤죠. 바로 옆 나라도 이렇게 다른데, 저 멀고 먼 나라는 우리와 얼마나 다를까? 만약 내가 다른 나라에서 태어났다면 어떤 삶을 살고 있을까? 저 먼 나라의 사람들은 어떤 환경에서 어떤 생활 방식으로 살고 있을까? 이런 호기심들은 저를 여행과 지도를 사랑하는 사람으로 성장시켰습니다.

　우리는 세계 곳곳으로 여행을 떠납니다. 하지만 겉핥기로 관광만 하고 오는 사람들이 많아요. 유명한 지역을 방문하고 맛있는 음식을 먹고 오는 것만을 여행의 전부라고 생각하는 사람들이 있습니다. 하지만 진정한 여행은 여행한 지역을 이해하는 데에 있어요. '이 지역 사람들은 이런 특징이 있더라', '이 지역 사람들은 이런 걸 좋아하더라'에서 그치는 것이 아니라, '그 지역 사람들은 왜 그런 특징이 있을까?', '그 지역 사람들은 왜 그런 걸 좋아할까?'라고 되물어볼 수 있는 것 말이에요. 모든 문화에는 이유가 있습니다. 그리고 진정으로 그들의 삶과 문화를 이해할 수 있을 때 우리의 여행은 비로소 완성됩니다. 나의 세계가 확장되는 순간이죠. 그들이 가진 삶의 태도에서 배울 점이 있는지 관찰하고 나의 삶 속으로도 끌어들여 올 수 있는 힘. 그것이 바로 진정한 여행의 힘입니다.

그러한 의미로 이 책에서는 오래된 유적지나 유명 관광지를 소개하기보다는, 도시만의 독특한 색깔을 보여 주고 그곳에서 살아가는 사람들의 삶을 함께 다루려고 노력했습니다. 여러분들이 세계 각지를 이해하고 새로운 라이프 스타일을 배우는 데 도움이 되었으면 좋겠습니다.

2022년 여름, 서지선

차례

들어가며_ 현지인의 삶 속으로 들어가는 여행   2

❶ 동양에 서양을 더했더니, **홍콩**   6

❷ 화려함과 소박함 사이에서, **타이베이**   20

❸ 이토록 다채로운 여행자의 천국, **방콕**   34

❹ 꿈꿔 왔던 열대 도시, **싱가포르**   48

⑤	아시아와 유럽의 만남, **이스탄불**	62
⑥	가우디가 꽃피운 도시, **바르셀로나**	76
⑦	예술의 영감이 샘솟는 도시, **파리**	92
⑧	반짝이는 물의 도시, **베네치아**	106

동양에 서양을 더했더니, 홍콩

정식 이름은 '중화 인민 공화국 홍콩 특별 행정구'다. 중국 남동부에 있으며, 홍콩섬과 주룽반도를 비롯해 250개가 넘는 섬을 포함한다. 면적은 서울의 약 1.8배다. 1842년 아편 전쟁에서 청나라가 영국에 지면서 150여 년 동안 홍콩은 영국의 통치를 받게 되었다. 홍콩의 주권은 1997년 7월 1일, 중국으로 돌아왔다.

항목	내용
인구	약 7,413,070명
면적	약 1083km²
언어	중국어(광둥어, 표준 중국어), 영어
GDP	약 3686억 달러
공기 질	24㎍/m³(좋음)
국제 공항	홍콩 국제 공항
대학교	홍콩 대학교
박물관 및 미술관	홍콩 과학 박물관
시차	서울보다 -1시간

홍콩을 빛낸 사람들

조슈아 웡

홍콩의 민주화 운동가. 2014년 홍콩의 대규모 민주화 시위인 우산 혁명을 이끌면서 전 세계적으로 알려졌다. 한국의 광주 민주화 운동과 촛불 시위를 민주주의의 모범 사례로 자주 얘기한다.

마틴 리추밍

홍콩 민주당을 만든 변호사 출신의 사회 운동가. 홍콩에서 민주화의 아버지라 불린다. 미니 헌법이라 불리는 홍콩 기본법의 뼈대를 세웠다. 지금도 홍콩의 민주화를 위해 활동하고 있다.

소방방

아동 성폭력 방지 기금 모임의 회장이자 영화배우다. 홍콩 아동들을 위한 자선 활동을 많이 해서 홍콩 사람들이 가장 믿을 수 있는 사람 1위에 오르기도 했다.

섬이 많은 홍콩에서는 섬과 섬 사이를 삼판이라는 작은 배를 타고 이동한다.

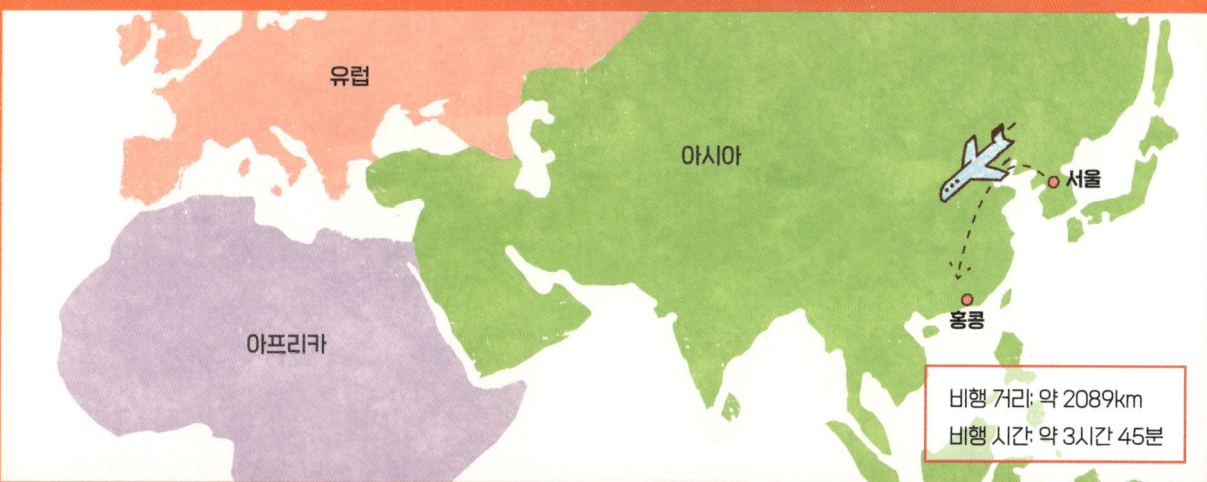
비행 거리: 약 2089km
비행 시간: 약 3시간 45분

오페라, 발레, 뮤지컬 등 공연이 열리는 홍콩 문화 센터. 이 건물은 창문이 하나도 없는 게 특징이다.

당나라 시대를 재현한 아름다운 정원 난리안 가든

맛있는 홍콩

홍콩 사람들은 아침부터 당연하게 다섯 끼를 먹는다. 그렇다고 다섯 끼를 다 집에서 만들어 먹지는 않는다. 주로 외식을 많이 하는데 간단하게 식사를 할 수 있는 편의점과 식당이 발달했다. 집이 좁아서 요리를 하기 힘들고 날씨가 더워 식재료를 관리하기 어렵기 때문이다. 홍콩에서는

딤섬

딤섬은 홍콩의 국민 음식이다. 딤섬은 한자로 '點(점 점), 心(마음 심)'이라고 쓴다. '마음에 점을 찍듯이' 간단히 먹는 만두 요리라는 의미이다. 중국에서는 주로 차와 함께 먹는 경우가 많다. 딤섬은 세계 여러 나라에서도 인기 있는 음식이다.

완탕면

완탕면은 홍콩의 다른 대표적인 메뉴. 해산물로 우려 낸 시원하고 따뜻한 국물에 입안에 착 감기는 쫄깃한 면, 터질 듯 말 듯 통통한 완자가 매력이다. 홍콩뿐만 아니라 싱가포르, 말레이시아, 태국에서도 많이 먹는다.

어딜 가든 합석이 자연스럽다. 땅값이 비싸고 인구가 많으니 가게에서는 가능한 한 많은 사람들을 받으려 하고, 홍콩 사람들도 이를 당연하게 생각한다. 모르는 사람과 한 테이블을 쓰더라도 당황하지 말고 식사를 즐겨 보자.

점보 식당

물 위에 떠 있는 거대한 수상 레스토랑으로 외관은 중국 황궁을 본떠 만들었다. 영국 영화 <007> 시리즈와 한국 영화 <도둑들>의 촬영지로도 유명하다. 45년 넘게 홍콩의 상징이었는데 얼마 전 아쉽게 영업이 종료되었다.

홍콩의 애프터눈 티

애프터눈 티는 영국의 문화로 늦은 오후에 차와 함께 케이크, 스콘 등의 간단한 음식을 먹는 것이다. 영국의 영향을 받은 홍콩의 애프터눈 티는 조금 다르다. 홍콩식 음료와 함께 케이크 같은 디저트류뿐 아니라 쌀국수, 파스타, 샌드위치 등 보다 다양한 음식이 애프터눈 티의 메뉴가 된다.

많은 이들이 홍콩의 화려한 밤을 꿈꾸며 여행을 떠난다. 홍콩의 야경은 왜 특별할까? 비밀은 바로 홍콩섬에 있다. 주룽반도에서 바다 건너 홍콩섬을 바라보면 끝도 없이 이어진 화려한 빌딩 숲을 볼 수 있다. 이 경관을 배경으로 기네스북에 등재된 세계 최대의 빛과 소리 공연이 매일 저녁 8시에 열린다. 당연히 관람료는 없다. 어느 각도에서 봐도 다채로우니 자리 경쟁을 할 필요도 없다.

홍콩은 150미터 이상의 고층 빌딩이 400개가 넘는, 세계에서 고층 빌딩이 가장 많은 도시다. 100미터 이상의 빌딩도 1300개 이상 있다고 한다. 심지어 건축법으로 똑같은 건물을 짓지 못하게 해서 독창적인 디자인을 뽐낸다. 그럼에도 홍콩의 빌딩들이 꼭 지켜야 할 규칙이 하나 있다. 바로 홍콩섬에서 가장 높은 산봉우리인 빅토리아 피크의 전망대보다 높게 지으면 안 된다는 것이다.

홍콩 전경

홍콩은 나라일까 아닐까?

여러분, 홍콩은 나라일까요, 아닐까요? 어떠한 지역이 하나의 국가로 인정받기 위해서는 '국민, 영토, 주권'이라는 세 가지 요소가 있어야 한답니다. 주권은 '국가의 의사를 결정하는 최고 권력'을 뜻해요. 홍콩은 과거 150여 년 동안 영국의 지배를 받았답니다. 그리고 1997년에 중국으로 반환되어 중국 내의 특별 행정구가 되었습니다. 홍콩은 중국 본토와 달리 오랜 시간 동안 민주주의 체제로 존재했기 때문에 중국과 완전히 같아지기는 어려웠기 때문이에요. 그래서 중국은 영국과 합의해 홍콩 마음대로 경제와 정치를 돌볼 수 있도록 주권의 일부를 넘겨주었지요. 그래서 홍콩은 올림픽도 중국과 따로 출전하고, 홍콩 시민은 홍콩 전용 여권도 가지고 있어요. 그렇지만 최근에는 홍콩 내에서 중국의 힘이 조금씩 커지는 상황입니다. 홍콩의 민주주의를 걱정하는 사람들이 늘고 있어요.

다양한 홍콩, 공존하는 홍콩

홍콩은 아시아와 유럽이 절묘하게 어우러지는 도시예요. 중국 문화가 그들의 뿌리지만, 150여 년간 영국의 지배를 받으면서 영국의 문화가 많이 들어왔기 때문이에요. 어떤 때는 중국 같고, 또 어떤 때는 영국 같지요. 그렇지만 홍콩인들은 홍콩이 중국도 영국도 아닌, 단지 홍콩일 뿐이라고 말해요. 홍콩만의 특별한 문화가 탄생했다는 뜻이지요.

홍콩의 전체 땅은 서울의 약 1.8배이지만, 사람은 약 740만 명 정도 살

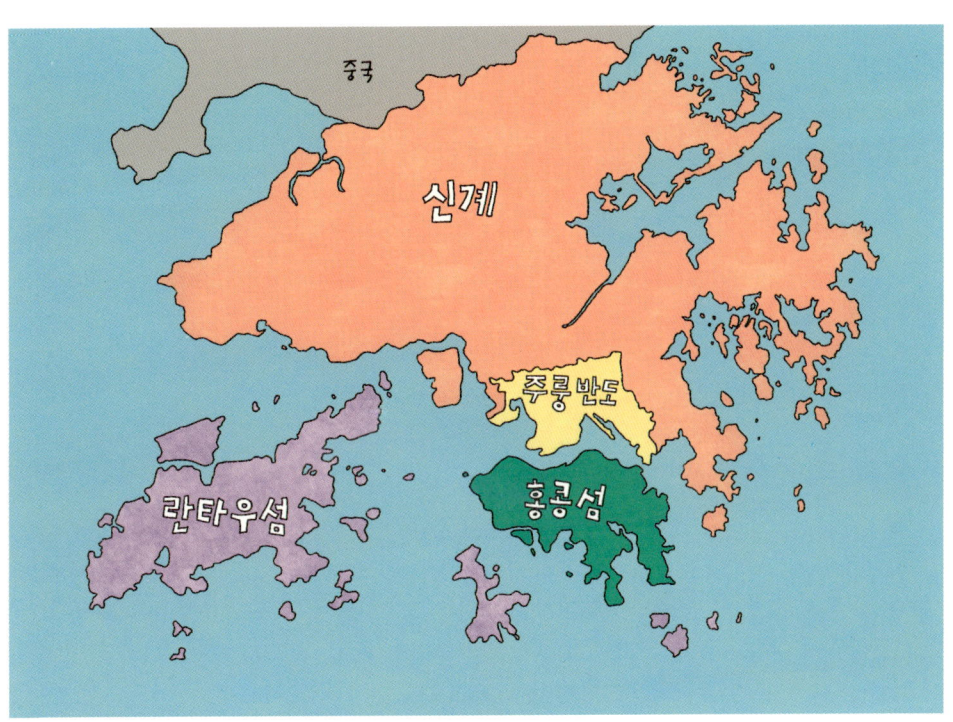

홍콩 지도

고 있어요. 홍콩의 땅을 크게 4개로 한번 구분해 볼게요. 홍콩 땅의 75퍼센트를 차지하는 신계 지역이 있어요. 중국 본토와 접한 지역이고요. 이 지역은 현지인 거주 지역이에요. 그 밑에는 주룽반도가 있습니다. 주룽반도는 홍콩 특유의 분위기가 살아 있는 곳이에요. 좁고 복잡한 골목 사이사이로 네온사인 간판이 반짝이며 삶의 애환이 느껴지는 홍콩 영화 특유의 분위기 말이에요. 홍콩 사람들은 주룽반도를 두고 이곳이야말로 '진짜 홍콩'이라 하기도 해요. 주룽반도에서 빅토리아 항을 지나 바다를 건너면 홍콩섬이 있어요. 화려한 홍콩의 빌딩들이 잔뜩 몰려 있는 곳이지요. 마치 빌딩으로 이루어진 섬처럼 보여요. 홍콩섬은 식민 시대에 영국이 열심히 개발했던 지역이에요. 그래서 다른 지역보다 영국 문화가 강하게 느껴집니다. 다른 지역보다 길거리에 백인이 많이 보이고, 영어도 잘 통한답니다. 그리고 마지막으로 홍콩섬의 옆으로 홍콩에서 가장 큰 섬인 란타우섬이 있어요. 홍콩 국제 공항과 디즈니랜드가 있는 곳이지요.

홍콩 영화에 나오는 말이 중국어가 아니라고?

1980~90년대 우리나라에서는 홍콩 영화가 크게 유행했습니다. 그렇지만 중국어를 아무리 공부해도 사람들은 홍콩 영화에 나오는 말들을 알아들을 수 없었어요. 왜냐하면 홍콩 영화에 나오는 말이 중국어가 아니기 때문이에요! 오잉? 무슨 말이냐고요?

우리가 보통 중국어라 부르는 언어는 중국의 수도 베이징을 중심으로 한 표준 중국어를 뜻해요. 하지만 땅이 넓은 중국에는 수많은 방언들이 존재한답니다. 그중 홍콩에서 쓰는 말은 중국 남서부에서 쓰이는 광둥어예요. 서울말과 부산말의 차이 정도 아니냐고요? 불행히도 표준 중국어와 광둥어의 차이는 하늘과 땅 차이여서, 글로 쓰지 않고는 소통이 불가능할 정도랍니다. 성조의 개수도 다르고 한자를 읽는 방법이 다르며, 문법도 종종 달라요. 예를 들어, '여러분, 안녕하세요!'라는 뜻의 '大家好'라는 간단한 인사말조차, 표준 중국어로는 '따자하오'라고 읽지만 광둥어에서는 '따이가호우'라고 읽어요. 홍콩의 어린이들은 학교를 다니자마자 표준 중국어, 광둥어, 영어 3개의 언어를 소화하느라 머리가 아프다고 해요.

살인적인 홍콩의 집값

이렇게 화려하고 멋진 홍콩에도 빛과 어둠이 공존해요. 빈부격차가 세계 최고라는 불명예스러운 기록이 있거든요. 특히 주거 공간을 보면 빈부격차가 확실히 와닿아요. 부자들은 고급 아파트에서 가정부까지 두고 편하게 살지만, 가난한 사람들은 제 한 몸 누이면 끝인 좁은 집에서 살기도 하거든요. 얼마나 집이 좁으면 '닭장 아파트'라 부르기도 하죠. 평범한 서민들이 사는 집도 굉장히 좁은 편이에요. 집값이 정말 살인적이지요. 열심히 노동해서 번 돈이 집값으로만 다 나가니 젊은 세대의 불만이 많다고 해요.

홍콩은 세계에서 집을 사기 가장 어려운 도시다. 그래서 아파트가 많으며 집과 집 사이, 집 내부 공간이 매우 좁다.

아침은 외식으로!

홍콩 사람들은 아침부터 당연하게 외식을 한답니다. 주거 공간과 함께 부엌도 너무 좁아서 요리를 하기 힘들기 때문이에요. 그래서 간단한 끼니를 구할 수 있는 편의점 문화가 발달했어요. 날씨가 더워 식재료 관리가 힘들기도 하고요. 하루 종일 외식을 하는 것이 이상하지 않지요.

건물 1층에 식당이 있는 경우가 많은데, 이 식당을 '차찬텡'이라고 불러요. 차찬텡에서 아침을 먹는 것이 일반적입니다. 차찬텡은 중국식과 서양식을 통틀어 족히 100가지 메뉴를 취급해요. 저렴한 가격에, 소박하고 정겨운 분위기가 가득하지요. 젊은 세대는 차찬텡보다는 브런치 카페를 더 선호하기도 합니다.

차찬텡 메뉴로 인기 있는 밀크티와 토스트. 토스트는 바짝 구워진 식빵 위에 시럽과 버터를 올려 간단히 먹는다.

맛있는 홍콩

다양한 문화가 만나는 지역의 공통점이 뭔지 아시나요? 바로 음식이 맛있다는 점입니다! 여러 문화가 만나면서 사람들은 다양한 식재료와 음식을 경험했고, 요리사들은 다양한 입맛을 지닌 사람들의 입맛을 만족시켜야 하니 당연히 음식 문화가 발달할 수밖에 없겠지요. 동서양 문화가 섞인 홍콩은 아주 당연하게도 맛있는 음식이 많습니다.

홍콩이 속한 지역은 중국 남서부의 광둥 지역이기 때문에, 광둥 요리가 기본인데요. 광둥 요리는 중국에서 가장 맛있기로 알아줍니다. 여기에 서양에서 들어온 여러 식문화가 혼합되면서 홍콩은 세계적인 미식의 도시가 되었습니다.

홍콩 전통 포장마차 형태의 야외 식당인 다이파이동. 현지 사람들처럼 한 끼를 즐기고 싶다면 방문해 봐야 할 곳이다.

홍콩 택시는 빨강, 초록, 파랑, 3가지다. 색깔마다 갈 수 있는 지역이 다르다. 트램은 도로 위에 레일을 깔고 주행하는 전차다. 트램과 자동차가 도로를 같이 사용한다. 우리나라에서는 볼 수 없는 풍경이다.

많은 이들이 점심 메뉴로 딤섬을 선택해요. 다양한 맛을 뽐내는 딤섬은 여럿이 나누어 먹기에도 좋고 한입에 쏙 들어가지요. 그중에서 새우 만두 '하가우'나 돼지고기 육수 만두인 '샤오롱바오'가 유명해요. 다른 대표 음식으로는 완탕면이 있어요. 따뜻한 국물에 쫄깃한 면, 통통한 완자가 매력입니다.

대중교통만큼은 저렴!

안 그래도 높은 인구 밀도에 자동차까지 많으면 거리가 무척이나 혼잡해

지겠지요? 그래서 홍콩 정부는 대중교통 이용을 권장합니다. 대체로 우리 돈 500원 선이라 저렴하기도 하고요. 홍콩의 대중교통은 크게 5가지로 구분할 수 있어요. 버스, 지하철, 트램, 수상 버스, 택시가 있죠. 홍콩의 버스는 2층 버스로 24시간 운행해요. 조금 생소한 교통수단이 바로 트램인데, 도로 위 레일을 따라 이동하는 노면 전차입니다. 홍콩의 트램은 1904년에 처음 운행을 시작했어요. 전 세계 유일의 2층 전차래요. 버스와 지하철보다 느리고 에어컨도 없지만, 천천히 도시를 구경하기에는 제격이에요. 바다를 건너는 수상 버스도 있어요. 이름은 '스타페리'. 무려 140년 넘게 운항을 한 역사를 가지고 있습니다. 재미있는 것은 이 수상 버스가 과거의 모습을 그대로 유지하고 있는 거예요. 승무원의 유니폼도, 선박의 모습도, 배를 정박시키는 방법도 옛 모습 그대로지요.

❷ 화려함과 소박함 사이에서, 타이베이

대만의 수도이자 최대 도시다. 상공업이 발달했다. 맛있는 먹거리가 많아서 미식 여행객들에게 인기가 많은 도시이기도 하다. 서울처럼 중간중간 산이 많아서 자연과 도시의 조화가 아름다운 곳이기도 하다. 대만 북쪽의 분지에 위치한 곳으로 기온과 습도가 높아서 겨울철에도 따뜻한 편이고 일교차도 적다.

인구 약 2,602,418명	**면적** 약 272㎢	**언어** 중국어(표준 중국어, 민난어, 하카어)
GDP 약 4078억 달러	**공기 질** 24㎍/㎥(좋음)	**국제 공항** 타이베이 쑹산 공항
대학교 국립 대만 대학교	**박물관 및 미술관** 대만 국립 고궁 박물원	**시차** 서울보다 -1시간

타이베이를 빛낸 사람들

차이잉원

대만의 첫 여성 총통(최고 책임자)이다. 대만의 국력을 키워 대만 국민이 눈치 보지 않고 대만 국기를 흔들 수 있게 최선을 다하겠다고 했다. 세계에서 가장 영향력 있는 100인에 선정되었다.

로우티엔홍

2007년 7월 한국에 부임해 임기를 마친 주한 타이베이 총영사다. 한국인보다 한국을 더 잘 아는 외국인이라 불리며 대만 블로그에 한국의 문화를 소개했다.

우밍이

대만의 유명한 작가이자 앞으로가 더 기대되는 작가다. 타이베이 문학상 최우수 산문상을 수상했고 대만 최초로 2018 맨부커상 인터내셔널 부문 후보에 올랐다.

타이베이에서는 대만 전통 경극을 관람할 수 있다. 화려한 의상과 분장, 곡예 등이 시선을 사로잡는다.

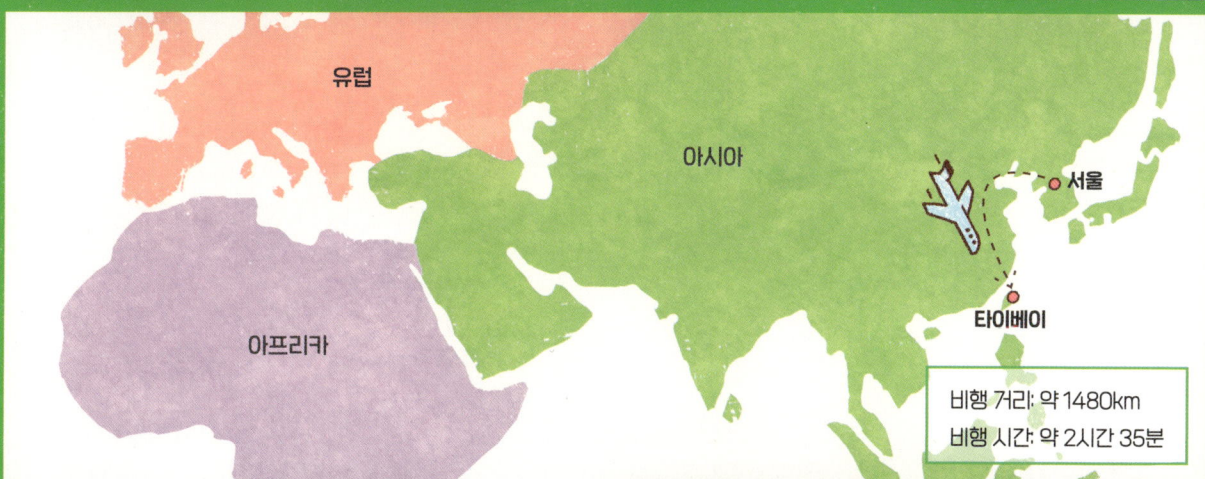

비행 거리: 약 1480km
비행 시간: 약 2시간 35분

타이베이 최초의 공영 극장 시먼훙루(서문홍루)

타이베이 사람들은 오토바이를 많이 탄다.

맛있는 타이베이

대만 음식은 대만 본토의 음식에 중국, 일본 등 여러 나라의 음식 문화가 한데 섞여 풍부하고 다채로운 맛을 자랑한다. 대만의 수도인 타이베이는 대만 음식의 집결지라고 할 수 있다. 이를 증명하듯 타이베이 곳곳에는 전국 각지의 음식들이 모여 있는 스린 야시장, 라오허지에 야시장, 닝

우육면

소고기 뼈를 깊고 진하게 우려낸 육수에 부드럽고 두툼한 소고기를 듬뿍 올린 탕면으로 육개장처럼 매콤한 국물과 갈비탕처럼 맑고 깔끔한 국물이 있다.

루러우판

돼지고기 덮밥으로 대만의 국민 음식이다. 지역마다 조리법이 조금씩 다르지만, 작게 자른 돼지고기를 소금물이나 간장에 넣고 조린 뒤 밥 위에 얹어 먹는다. 계란과 청경채를 곁들이기도 한다.

샤 야시장, 화시지에 야시장 등이 들어서 있다. 홍콩처럼 타이베이도 외식 문화가 잘 발달되어 있어 저렴한 가격에 다양한 맛을 즐길 수 있다.

한국에서도 인기 만점 타이베이 디저트

버블티(쩐주나이차)
우유에 우린 다양한 차에 떡처럼 쫀득한 타피오카 펄을 넣어 마시는 음료.

망고 빙수
달콤하고 시원하게 갈아 낸 얼음 위로 생망고를 가득 얹은 타이베이의 망고 빙수.

치즈 감자
바삭하게 튀긴 감자에 베이컨, 달걀, 브로콜리 등의 다양한 재료를 넣고 그 위에 녹인 치즈를 뿌려 먹는 타이베이 유명 간식.

땅콩 아이스크림
쫀득쫀득한 밀가루 반죽 위에 땅콩엿을 갈아 뿌리고 그 위에 아이스크림을 올린 다음 말아서 먹는 타이베이의 명물.

타이베이101

대만은 1960~70년대에 엄청난 속도로 경제가 발전했다. 제조업이 발달하면서 경제가 빠르게 성장했기 때문이다. 이때 탄탄히 다져 놓은 제조업의 기반이 이어져 대만에서는 중소기업이 잘 발달되었다. 대만의 수도 타이베이는 점점 더 화려하게 변하고 있다. 타이베이를 대표하는 빌딩은 '타이베이101'인데, 2004년 12월 31일에 완공된 101층 높이의 빌딩이다. 2010년 1월까지 타이베이101은 전 세계에서 가장 높은 빌딩이었다. 8층씩 8개의 단으로 건물을 지어 대나무를 표현했는데 이는 한자의 숫자 8(八)이 뻗어 나가는 모양새라 중화권에서는 8이 번영과 성장을 뜻하기 때문이다. 타이베이101에서는 매년 1월 1일에 화려한 새해맞이 불꽃 축제가 펼쳐져서 건물을 중심으로 팡팡 튀어 오르는 불꽃들로 이루어진 장관을 볼 수 있다. 화려하게 새해를 맞이하고 싶다면 타이베이로 떠나 보자!

중국, 일본, 동남아시아를 섞은 듯한

서울에서 비행기로 약 2시간 30분이면 도착하는 타이베이! 타이베이는 대만의 수도입니다. '대만'은 한자를 우리나라식으로 읽은 이름이고, 중국어나 영어로는 '타이완'이라 불러요. 정식 국가 이름은 '중화민국'입니다. 대만은 왠지 우리 주위의 친숙한 나라들을 섞어 놓은 느낌이 들어요. 중화권 국가이기 때문에 사람들은 중국어를 사용하고 거리의 간판에는 한자가 쓰여 있지요. 그런데 분위기는 또 묘하게 일본 느낌이 섞여 있어요. 일본식 애니메이션 캐릭터를 이용한 상업이 발달했고, 편의점이나 드럭스토어에 일본 상품이나 아기자기한 잡화가 많은 것 등 일본과 꽤 비슷한 부분이 많아요. 거리도 깨끗하고요. 사람들 성격도 일본 사람들처럼 조용한 편

중국 송나라, 원나라, 명나라, 청나라 등 네 왕조의 유물이 가득!

대만 국립 고궁 박물원

대만 국립 고궁 박물원은 대만의 수도 타이베이에 위치해 있다. 프랑스의 루브르 박물관, 영국의 영국 박물관 등과 함께 엄청난 규모로 손꼽히는 박물관이다. 중국 황실의 유물은 물론 5천여 년의 중국 역사와 문화가 고스란히 담겨 있다. 소장하고 있는 유물이 너무 많아 3~6개월마다 계속 교체하며 전시한다.

이에요. 대신 정이 넘치지요. 또 지리적으로 가까워서인지 동남아시아와 비슷한 문화도 많아요. 사람들 성격도 느긋한 편이고요. 이렇듯 중국과 일본, 동남아시아를 모두 섞은 듯한 묘한 나라가 바로 대만이랍니다.

슬프고 아름다운 섬, 대만의 역사

대만은 어쩌다 이렇게 많은 문화가 섞이게 되었을까요? 대만을 이해하려면 대만의 역사를 이해해야 해요. 대만이 있는 타이완섬은 원래 원주민들이 소소하게 살아가는 땅이었죠. 그러나 1684년에 청나라가 타이완섬을 정복하면서 약 200년 동안 중국의 지배를 받다가 이번엔 일본의 지배를 받아요. 1895년 청일 전쟁에서 청나라가 일본에 졌거든요. 이 시기에 대만은 일본으로부터 많은 영향을 받았어요. 그리고 1945년, 일본이 태평양 전쟁에서 패하면서 독립 국가가 되었습니다. 그렇지만 휘몰아치는 중국 본토의 정치 상황에 다시 휘말려요. 중국에서 공산당과 국민당 사이에 다툼이 벌어졌고, 공산당에 밀린 국민당 세력이 타이완섬으로 들어왔거든요. 결국 중국 본토에서 온 국민당의 리더 장제스가 타이완섬을 지배하게 되었습니다. 이 시기에 수립된 나라가 중화민국, 지금의 대만이에요. 타이베이도 이때 수도가 되면서 발전했고요.

끝나지 않은 갈등

하지만 그 후로도 대만의 역사는 순탄하지만은 않았습니다. 현재 대만의 인구 구성을 한번 볼까요? 옛 타이완섬의 주인이었던 원주민의 비율은 현재 2퍼센트밖에 되지 않습니다. 이들은 대부분 고산 지역에 살고 있고, 문화적으로 동화되었기 때문에 대체로 전통 방식으로 살고 있지도 않아요. 그렇다면 대만 인구의 대다수를 차지하고 있는 사람들은 누굴까요? 바로 1662년부터 정치적인 이유로 중국 남부에서 타이완섬으로 온 사람들의 후손이에요. 한족, 푸젠성, 하카족 출신으로 이들의 비율이 약 85퍼센트입니다. 그리고 마지막에 1949년 장제스의 국민당과 함께 중국에서 온 한족 사람들이 약 13퍼센트입니다.

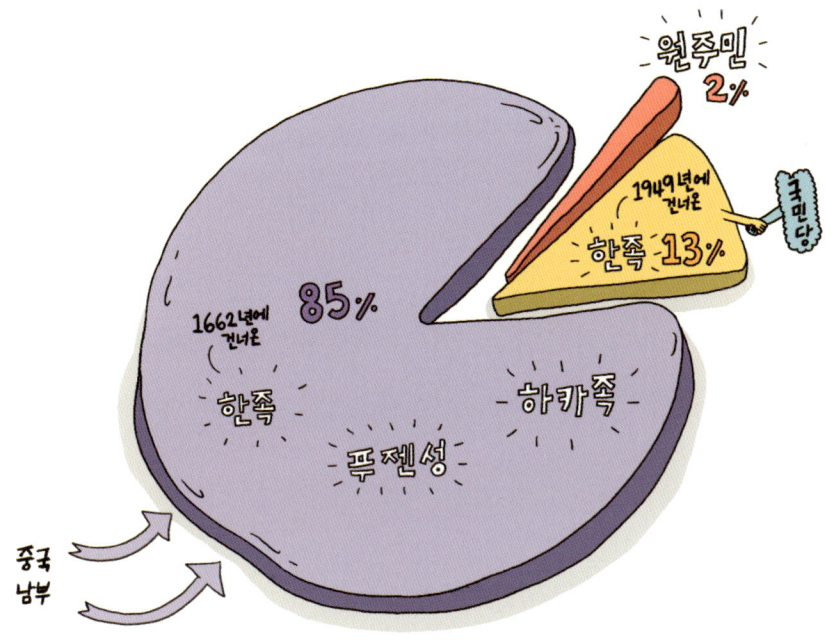

대만의 인구 구성

본토와는 조금 다른 대만의 중국어!

이제 다 같은 대만 사람이라고 하더라도 각각의 뿌리가 다르다는 것을 알았죠? 뿌리가 다르면 쓰는 언어도 조금씩 다르지 않을까요? 대만의 공식 국어는 중국에서 쓰는 표준 중국어가 맞습니다. 표준 중국어를 만다린이라고 해요. 대만에서도 만다린이 국가 공식 언어입니다. 하지만 대만 특유의 발음이 널리 쓰여요. 그리고 글자가 다르지요. 중국에서는 한자가 어렵다고 판단해 간략하게 바꾼 간체자를 사용하거든요. 반면 대만에서는 전통 한자를 그대로 쓰고 있어요. 대만 사람들은 이에 자부심이 있기도 해요. 한편 학교나 공적인 자리에서는 표준 중국어를 써도, 지역에 따라서 푸젠성에서 쓰는 민난어나 하카족이 쓰는 하카어를 쓰기도 합니다.

지하철 안내 방송도 표준 중국어와 민난어, 하카어로 한답니다. 게다가 간단한 영어가 어느 정도 통해요. 특이한 점은 영어보다 일본어가 더 잘 통한다는 거예요. 대만은 일본 통치를 받은 적이 있지만 일본에 대한 감정이 좋은 편이에요. 식민 통치가 끝나고 일본이 대만에서 철수한 뒤, 국민당 정부가 들어오고 나서 국민당 정부로부터 더 큰 차별을 받았기 때문이래요.

타이베이는 최고의 미식 여행지

대만 최고의 여행 키워드를 꼽으라면, 바로 미식이 아닐까요? 대만의 음식은 맛있고, 다양하고, 심지어 저렴하거든요. 외식 문화가 발달되었기 때문에, 배부른 식사며 간단한 간식이며 무엇이든 좋으니 아침부터 밤까지 먹거리를 찾아 여행해도 된답니다. 특히 대만의 수도, 타이베이는 대

샤오롱바오는 생강채와 함께 먹어야 진정한 맛을 느낄 수 있다.

훠궈는 칼칼한 마라 육수와 고소하고 맑은 육수를 동시에 끓일 수 있다.

만 각지의 음식이 모여 있어 미식 여행의 천국이라 할 수 있지요. 먼저 간단히 딤섬을 먹어 볼까요? 딤섬은 중국 남부식 만두 요리인데 대만의 딤섬이 특히 유명하답니다. 그중에서도 가장 유명한 것이 샤오롱바오예요. 홍콩에서도 잠깐 소개되었죠? 샤오롱바오는 우리나라 만두와는 달리 만두피가 얇고 안에 돼지고기 육즙이 잔뜩 들어 있어 터뜨려 먹는 맛이 최고랍니다. 혀를 데지 않게 조심하세요! 푸짐한 한 끼로는 훠궈를 추천해요. 중국식 샤브샤브인데 육수 스타일과 넣는 재료가 우리나라에서 먹는 샤브샤브와 약간 달라요. 가장 인기 있는 육수는 칼칼한 마라 육수예요. 그 외에도 다양한 면 요리나 해산물 요리, 망고 빙수, 파인애플 케이크 펑리수, 누가 크래커 등 맛난 디저트도 많답니다. 우롱차나 버블티 같은 음료도 유명하고요. 입맛에 맞게 즐겨 보세요.

야시장의 도시, 타이베이!

타이베이에서는 푸짐한 한 끼도 좋지만, 사실 야금야금 배를 채우는 간식 투어가 제맛입니다. 먹거리가 끝도 없이 펼쳐지는 야시장을 방문해 보세요. 저렴한 가격에 여러 가지 간식을 맛볼 수 있어요. 미로같이 이어진 야시장을 탐험하고 싶다면 스린 야시장으로 가 보세요. 100년이 넘는 역사를 가진 야시장인데 엄청나게 넓고 복잡하지요. 스린 야시장은 여행객들에게 제격이에요. 먹거리뿐만 아니라 다양한 볼거리와 기념품 가게들도 즐비하거든요. 길을 잃어도 좋다는 기분으로 즐겁게 탐험해 보세요. 가장

타이베이에서 가장 큰 규모를 자랑하는 스린 야시장. 미식 여행을 하려면 꼭 들러야 하는 곳으로 음식이 대체로 우리나라 사람들의 입맛에 잘 맞는다.

유명한 간식으로는 거대한 치킨 가스인 지파이와 치즈 감자가 있어요. 스린 야시장이 너무 복잡해서 싫다면 라오허지에 야시장은 어떨까요? 라오허지에 야시장은 타이베이에서 두 번째로 큰 야시장인데, 한길로 쭉 펼쳐져 있기 때문에 길을 잃을 염려는 없답니다. 후자오빙(후추빵)과 초또우푸(취두부)가 유명한데, 초또우푸는 삭힌 두부라 냄새가 고약해서 쉽게 도전하기는 어려워요. 하지만 한번 빠지면 계속 찾게 된다고 해요. 뿐만 아니라 라오허지에 야시장 근처에는 화려한 도교 사원이 있기 때문에 함께 구경하기에도 좋죠. 근처의 지룽강 강변에서 시간을 보내도 좋고요.

노곤노곤 타이베이에서의 편안한 휴식 시간

대만은 화산섬입니다. 다르게 말하면 온천이 많다는 이야기죠! 온천의 나

보장암 국제 예술촌은 6~70년대 중국 피난민들이 정착해 살던 이민촌을 예술 프로젝트를 통해 멋지게 바꾼 마을이다. 아기자기한 카페에서 전시가 열리며, 곳곳이 벽화 등으로 꾸며져 있다.

라인 일본 사람들도 온천을 즐기러 대만에 온다는 말이 있을 만큼, 대만 곳곳에는 훌륭한 온천이 많아요. 온천마다 주요 성분이 다르기 때문에 냄새와 효능도 다르답니다. 타이베이 여행자들이 가장 좋아하는 온천은 베이터우 온천이에요. 타이베이 시내에서 가깝고, 대규모 온천 단지로 개발이 잘 되어 있어서 재미있게 놀고 오기 좋거든요. 베이터우는 전 세계에 단 두 곳뿐인 라듐 유황 온천입니다. 달걀 썩은 내 같은 유황 냄새가 올라오지만, 관절염이나 신경통에 매우 좋다고 해요. 온천까지 갈 시간이 없다면 발 마사지를 받아 보면 어떨까요? 타이베이 곳곳에서 발 마사지 가게를 발견할 수 있어요. 발가락부터 다리까지 지압해 주는데, 마사지가 끝난 후 신발을 신으면 한결 가벼워진 기분을 느낄 수 있어요.

❸ 이토록 다채로운 여행자의 천국, 방콕

방콕은 태국의 수도이자 태국에서 가장 큰 도시다. 태국의 중심부에 자리 잡고 있어 교통의 요충지이기도 하다. 태국에서 가장 큰 강인 짜오프라야강이 도시를 가로질러 흐른다. 태국의 역사를 고스란히 느낄 수 있는 아름다운 문화유산과 유행하는 스타일의 카페, 다채로운 볼거리가 많아 전 세계 사람들이 많이 찾는 관광 도시다. 과거와 현재가 함께 살아 숨 쉬는 곳이다.

인구 약 8,833,400명	**면적** 약 1569km²	**언어** 태국어
GDP 약 2521억 달러	**공기 질** 20㎍/m³(좋음)	**국제 공항** 수완나품 국제 공항
대학교 쭐랄롱꼰 대학교	**박물관 및 미술관** 방콕 국립 박물관	**시차** 서울보다 -2시간

방콕을 빛낸 사람들

반종 피산다나쿤

태국의 유명한 공포 영화 감독이자 시나리오 작가다. 태국 역대 박스오피스 1위를 차지하고 있는 영화 <피막>을 연출했다. 국제 영화제에서도 많은 상을 받았다.

아타차이 페어텍스

세계적인 무에타이 선수다. 8살에 무에타이를 시작해 12살에는 방콕의 도장으로 옮겨 수준 높은 훈련을 받았다. 200번 이상의 경기를 치렀고, 90퍼센트 이상의 승률을 자랑한다.

아논 남파

태국의 인권 운동가, 변호사, 민주화 운동가다. 인권과 표현의 자유를 위해 방콕을 중심으로 민주화 시위를 벌였다. 2021년에는 5·18 기념 재단에서 광주 인권상을 받았다.

태국의 5바트 동전에 새겨져 있는 왓 벤차마보핏. 지붕을 뺀 모든 부분이 대리석(마블)으로 지어져 마블 템플이라고도 불린다.

비행 거리: 약 3716km
비행 시간: 약 5시간 50분

부산 아세안 문화원에 기증되기도 한 태국의 삼륜 택시 툭툭

매년 4월 13~15일에 열리는 태국의 송끄란 축제. 물을 맞으며 몸과 마음을 정화한다는 의미다.

맛있는 방콕

톡 쏘는 매운맛, 아찔한 신맛, 열대의 단맛, 화끈한 짠맛 등 수백 가지 향신료가 어우러진 태국 음식은 한번 빠져들면 헤어 나오기 힘들다. 태국의 중심지인 방콕에는 태국을 대표하는 각종 음식들이 모여 있음은 두말할 필요도 없다. 태국의 대표 음식을 살펴보자면 먼저 '카오팟'이라고

무카타

무카타는 무양까올리라고도 부르는데 '한국식 돼지고기 구이'라는 뜻이다. 한국에서 근무했던 태국 사람들이 삼겹살이 그리워 태국식으로 바꿔 만들었다는 설이 있다. 고기를 굽기만 하는 것이 아니라 국물을 끓여 샤브샤브를 함께 먹을 수 있다.

똠얌꿍

새우와 야채, 레몬그라스, 고추, 향신료 등을 넣고 끓인 똠얌꿍은 세계 3대 수프 중 하나로 꼽힌다. 똠얌꿍의 묘한 매력에 빠진 사람들은 열광하지만, 처음 접한 사람들에게는 시큼한 국물이 낯설게 느껴질 수 있다.

부르는 볶음밥이 있다. 게, 새우, 닭 등 다양한 재료로 만든다. '팟타이'는 태국에서 가장 유명한 면 요리이다. 쌀국수에 숙주나물을 넣고 볶는다. '솜땀', '얌운센'이라 부르는 샐러드와 태국식 카레 '뿌팟퐁커리'도 멋진 한 끼를 선물해 줄 것이다.

팜 슈가
피쉬 소스
게
파파야
라임
고추
방울 토마토
마늘
롱빈
마른 새우
절구

솜땀

태국 전역에서 먹는 아주 대중적인 음식이다. 채 썬 파파야에 마른 새우, 고추, 땅콩 가루 등을 넣고 라임 즙과 남쁠라(생선 액젓 소스) 등을 둘러 먹는 샐러드이다. 절구로 재료를 잘 찧이기고 빻은 다음 파파야에 맛이 잘 스며들게 버무린다.

태국은 불교 국가로 유명하다. 일반적으로 태국 사람들은 불교인으로서의 삶에 충실한데 전국에 약 3만 3천여 개의 불교 사원이 있고, 방콕에만도 400여 개의 사원이 있을 정도다. 스님도 35만 명 가까이 된다. 그중 왓 아룬 사원은 해가 가장 먼저 비춘다는 의미에서 왓 아룬, 즉 새벽 사원이라는 이름이 붙었다. 아유타야 왕국 시절(1350~1767년)에 건축된 불교 사원이라니, 얼마나 오래된 사원인지 알 수 있다. 불교는 태국 사람들의 사고방식에 큰 영향을 끼쳤다. 태국 사람들은 개개인의 덕을 쌓는 것을 중요시하고, 현재를 즐기면서 주위를 소중히 여기며, 온화하고 너그러운 성격을 가지고 있다. 태국은 불교 대국임에도 종교의 자유를 인정한다. 그래서 간혹 이슬람이나 기독교를 믿는 국민도 있다. 다른 종교를 믿는 이들에 대한 차별은 거의 없다고 한다. 대신 국왕은 꼭 불교 신자여야 한다는 조건이 있다. 재미있게도 태국의 남성 불교 신자라면 일생에 꼭 한 번은 스님이 되어야 하는 풍습이 있는데 성인이 된 이후 보통 3개월 정도는 스님이 되어 엄격한 규율 아래 생활을 한다. 스님 생활을 해 봐야 비로소 진정한 어른이라고 사회가 인정해 준다 한다.

왓 아룬 사원

관광의 도시, 방콕!

방콕은 상당한 대도시예요. 방콕을 포함한 수도권 인구를 모두 합하면 1400만 명이나 살고 있습니다. 태국 전체 인구의 약 22퍼센트 정도가 방콕 수도권에서 살고 있어요. 그런데 매해 평균 2270만 명이나 되는 관광객들이 방콕을 찾았다고 해요. 시민보다 관광객이 더 많은 도시라니, 세계 여행자들에게 얼마나 많은 사랑을 받는지 알겠죠?

방콕은 세계에서 가장 이름이 긴 도시예요. '방', '콕'. 2글자인데 무슨

> 짜오프라야강은 '왕의 강'이라는 뜻이야. 풍요로움을 상징해!

짜오프라야강

방콕을 가로지르는 짜오프라야강은 전체 길이가 1200킬로미터가 넘는 태국에서 가장 큰 강이다. 강 주변으로 수상 가옥이 들어서 있어 그 자체로 삶의 현장이자 강 줄기가 여러 문화 유적과 관광지로 연결되어 있어 주요 교통로이기도 하다. 배를 타고 방콕의 이곳저곳을 방문할 수도 있다.

소리냐고요? 방콕의 정식 명칭은 '끄룽 텝 마하나콘 아몬 라따나꼬신 마힌타라 유타야 마하딜록 폽 노파랏 랏차타니 부리롬 우돔랏차니웻 마하사탄 아몬 피만 아와딴 사팃 사카타띠야 윗사누깜 쁘라싯'으로 태국어로는 무려 130글자랍니다. 뜻을 풀이하면, '천사의 도시, 위대한 도시, 영원한 보석의 도시, 인드라 신의 난공불락의 도시, 아홉 개의 고귀한 보석을 지닌 장대한 세계의 수도, 환생한 신이 다스리는 하늘 위의 땅의 집을 닮은 왕궁으로 가득한 기쁨의 도시, 인드라가 내리고 비슈바카르만이 세운 도

카오산 로드는 오래전부터 여행자들이 모여 자연스럽게 친해지고 정보를 나누는 배낭여행의 천국으로 알려져 있다.

시'이지요. 옛 왕 라마 1세가 지어 준 이름이라고 해요. 하지만 현지 사람들도 이 긴 명칭을 쉽게 외우기는 힘들다고 하네요. 재미있는 건 이 많은 글자들 중 '방콕'이라는 단어는 들어 있지 않다는 점이에요. 방콕은 외국에서 부르는 이름이고, 현지 사람들은 전체 이름의 앞 글자만 따 '끄룽 텝 마하나콘' 혹은 '끄룽 텝'이라고 불러요.

배낭 여행자의 성지, 카오산 로드

오래전부터 여행자들이 사랑해 온 도시, 방콕에는 세계 여행자들을 위한 거리가 있는데 바로 카오산 로드라는 길이에요. '배낭 여행자들의 성지', '여행자의 천국'이라는 별명이 있지요. 전 세계에 이런 거리는 거의 없다

태국 왕궁(프라 보롬 마하 랏차왕)에서 가장 큰 건물인 짜끄리 마하 쁘라삿. 서양식 건물 위에 태국식 지붕을 얹었다.

고 해도 될 정도로 참신해요. 저렴한 숙소와 음식점이 많아서 많은 여행자들이 카오산 로드에 숙소를 잡고 방콕을 여행합니다. 거리를 돌아다니면서 기념품을 사기도 하고, 근교로 나가는 각종 여행사 투어 상품을 예약하기도 하지요. 여행 온 기념으로 헤나 문신을 새기거나 레게 머리를 땋기도 해요. 다리가 아프면 마사지를 받고요. 밤이 되면 거리 전체에서 온갖 음악이 흘러나오는데 아무 데서나 춤을 춰도 되는 분위기예요. 음료를 마시거나 군것질을 하면서 방콕에서의 자유를 즐기는 젊은이들이 많지요. 요즘은 물가도 올랐고 분위기도 예전만큼은 아니라곤 하지만, 여전히 카오산 로드만의 독특한 분위기를 뿌리치긴 어려울 것 같아요.

에메랄드 사원이라고도 불리는 태국 왕실의 사원, 왓 프라깨우. 왕궁의 정문으로 들어가면 가장 먼저 볼 수 있다.

여전히 국왕이 있는 나라

태국은 오늘날에도 왕이 있어요. 하지만 직접 정치를 하지는 않지요. 그럼에도 태국 국왕과 왕실의 권위는 여전히 막강해요. 게다가 태국 국민들의 국왕 사랑은 유난하답니다. 태국 사람들은 마음을 다해 국왕을 사랑하고 존경하며 국왕은 국민의 아버지이자 살아 있는 부처와 같다고 생각합니다. 화폐에 국왕의 초상화가 그려져 있기 때문에, 돈조차 꾸깃꾸깃 간직하는 법이 없습니다. 그래서 태국에서 국왕을 대놓고 모욕하는 일은 있을 수 없는 일이에요. 왕과 왕실에 대해 비판적인 견해를 가진 국민들도 분명 존재하지만, 분위기상 목소리를 내기 쉽지 않답니다. 태국을 여행하는 외국인 여행객들도 왕에 대해 비방하지 않도록 조심하는 것이 좋습니다. 불경죄가 적용되어 징역에 처해질 수 있기 때문이에요. 건물 곳곳에 국왕의 사진이 걸려 있는데, 사진을 훼손하는 것도 불경죄에 해당합니다.

존재 자체로 존중받는 사회와 그 이면

태국에는 유독 성별 구분이 잘 안 되는 사람들이 많아요. '남자답게' 살아야 한다거나, '여자답게' 살아야 한다는 편견이 별로 없다고 할 수 있지요. 나다운 것을 찾아 살 수 있는 사회라니, 멋지지 않나요? 태국은 세상의 모든 이들을 존재 자체로 인정할 줄 아는 포용력을 가진 나라랍니다.

이러한 태국 사람들의 따뜻한 성품 또한, 어찌 보면 불교에서 나온 사고방식이라고 할 수 있어요. 불교는 '생명 존중'을 중시하기 때문이지요. 태국 사람들은 길거리의 강아지와 고양이, 심지어는 식물도 존중해요. 길을 막으며 덩그러니 서 있는 커다란 나무를 쉽게 발견할 수 있어요. 인간의 필요에 의해 나무를 함부로 베지 않는 거지요.

앞선 이야기만 들으면 모두가 평등할 것 같은 태국은 이상적인 사회처럼 보이지만, 사실 보이지 않는 계층이 존재하며 계층 이동이 힘든 나라로 알려져 있어요. 대놓고 계층이 존재하지는 않지만, 알고 보

짜뚜짝 시장에서는 정해진 가격을 따르는 가게가 많아 가게마다 상품의 가격 차이가 크지 않다.

면 왕실, 불교계, 상류층과 나머지 평민층의 구분이 확실하죠. 심지어 현실을 바꾸려는 의지도 없는 편이라고 해요. 불교에서는 다음 생을 믿거든요. 이번 생에 부유한 이유는 지난 생에 착한 일을 많이 했기 때문, 가난한 이유는 지난 생에 나쁜 일을 많이 했기 때문이라고 생각하는 거죠. 그럼에도 최근에는 젊은 층들을 중심으로 생각이 바뀌고 있다고 해요. 부정부패에 대해 비판하는 시위가 일어나기도 한다고 합니다.

방콕과 처음 만난다면

현재 방콕의 왕궁에 실제로 왕이 살고 있지는 않아요. 하지만 중요한 국가 행사가 열린답니다. 그리고 왕궁보다는 사실 왕실의 사원인 왓 프라깨우가 더 유명해요. 화려한 황금빛 탑과 에메랄드 불상이 있거든요. 많은 여행자들은 화려한 모습에 홀려 한참 동안 사원을 구경한 뒤 마지막으로 왕궁을 보곤 한답니다. 참고로 아무리 더운 날이어도 민소매나 반바지 차림으로 입장은 불가해요. 왕궁에서 짜오프라야강을 건너면 하얀색의 아름다운 사원, 왓 아룬이 나와요. 방콕에서 가장 아름다운 사원으로 손꼽혀요. 태국의 10바트짜리 동전에도 등장하는 명소랍니다. 해가 질 때 방문하면 아름다운 노을에 둘러싸인 사원을 발견할 수 있어요.

주말에는 세계에서 가장 큰 주말 시장으로!

방콕의 짜뚜짝 시장은 세계에서 가장 큰 주말 시장입니다. 무려 4만 평의 규모에, 15,000개 정도의 상점이 있다고 해요. 엄청난 규모만큼 없는 게 없는 만물 시장이에요. 너무 넓어서 다 둘러보는 것은 불가능한 수준! 총 27개의 구역으로 나뉘어 있는데 미리 원하는 구역을 정해서 둘러보는 것이 체력을 아끼는 비법입니다. 마음에 드는 물건이 나오면 그때그때 바로 사는 것도 팁이에요. 왔던 길을 다시 찾는 것은 거의 불가능하거든요. 혹시 골동품에 관심이 많다면 짜뚜짝 시장 옆의 골동품 벼룩시장을 구경하는 것도 좋겠어요. 만약 현대적인 쇼핑센터에서 쾌적한 쇼핑을 즐기고 싶다면 시암 지역으로 가 보세요! 방콕은 각각의 취향을 맞춰 주는 너그러운 곳이거든요.

❹ 꿈꿔 왔던 열대 도시, 싱가포르

정식 이름은 싱가포르 공화국이다. 산스크리트어로 '사자의 도시'라는 뜻이다. 그래서 싱가포르의 상징인 머라이언도 사자의 모습을 띤다. 싱가포르는 세계 경제의 중심지로 금융과 무역, 공업 도시로 이름났다. 다양한 문화와 민족이 어울려 사는 도시 국가다. 서울과 비슷한 면적을 갖고 있다. 작은 나라를 효율적으로 다스리기 위한 엄격한 법칙과 벌금으로도 유명하다.

인구 약 5,685,807명	**면적** 약 704km²	**언어** 영어, 중국어, 말레이어, 타밀어
GDP 약 3743억 달러	**공기 질** 17㎍/m³(좋음)	**국제 공항** 창이 국제 공항
대학교 싱가포르 국립 대학교	**박물관 및 미술관** 싱가포르 국립 박물관	**시차** 서울보다 -1시간

싱가포르를 빛낸 사람들

김도훈

한국 출신의 축구 감독이다. 현재 싱가포르의 라이언 시티 세일러즈 FC의 감독이다. 감독을 맡은 첫 해, 라이언 시티 세일러즈 FC는 18년 만에 우승했다.

토마스 스탬포드 래플스

영국 정치가이자 근대 싱가포르의 기반을 마련한 인물이다. 싱가포르의 도시 계획을 세웠으며 국제 무역항을 만들고 질서 유지에도 힘썼다. 그를 기리는 동상과 호텔도 있다.

잎핀수

전 국회 의원이자 장애인 수영 선수다. 국제 수영 대회에 참가해 좋은 기록을 냈으며 장애인 인권을 위해 용기 있는 목소리를 내면서 2021년 싱가포르를 빛낸 인물로 선정되었다.

싱가포르의 대표 열대 과일이자
천국의 맛과 지옥의 냄새를 가졌다는 두리안

현대 미술 작품이 많이 전시되어 있는
내셔널 갤러리 미술관

비행 거리: 약 4677km
비행 시간: 약 6시간 15분

유럽 / 아시아 / 아프리카 / 서울 / 싱가포르

높이 40미터의 세계 최대 실내 인공 폭포 주얼창이.
창이 국제 공항 안에 있다.

◀ 카야 토스트

싱가포르 대표 잼인 카야 잼을 바른 카야 토스트.
살짝 익힌 계란과 커피를 곁들인다.

싱가포르 건축물

싱가포르는 어디를 봐도 깔끔하다. 거리에 전봇대도 없다. 건물을 지을 때도 디자인 심의가 있어서 똑같은 디자인의 건물을 지을 수가 없다. 그런 이유로 거리를 걸을 때마다 독창적인 건물들에 시선을 빼앗기게 된다. 빌딩 세 개가 커다란 배를 얹고 있는 마리나 베이 샌즈 호텔, 그리고

마리나 베이 샌즈 호텔

특이한 모양 때문에 싱가포르를 상징하는 건물이 되었다. 3개의 건물이 배 모양의 구조물을 머리에 얹고 있다. 배 모양의 구조물은 수영장이다.

가든스 바이 더 베이

싱가포르를 대표하는 식물 공원이다. 이곳은 3개의 공간으로 나뉘는데, 사진 속에 보이는 곳은 '슈퍼 트리 그로브'라는 곳이다. 16층 높이의 구조물들을 식물들이 감싸고 있다.

그 앞에 물위에 떠 있는 연꽃에서 영감을 얻어 디자인했다는 아트 사이언스 뮤지엄, 정면에서 보면 마치 건물이 평면처럼 보이는 더 게이트 웨이 빌딩, 과일 두리안 모양의 복합 문화 예술 공간 에스플러네이드 등 재미있는 건축물이 참 많다.

러닝 허브

2015년 싱가포르 난양 기술 대학교에 신기한 건물이 들어섰다. 바로 싱가포르의 평생 교육 기관인데 타원형으로 이루어진 12개의 건물이 하나로 묶여 있다.

에스플러네이드

동남아시아 사람들이 즐겨 먹는 거대한 두리안 모양을 하고 있다. 이 건물은 공연이나 콘서트가 열리는 문화 공간이다.

싱가포르 하면 어떤 모습이 떠오를까? 시원하게 물을 내뿜는 머라이언(사자 머리에 물고기 몸통인 싱가포르 전설 속에 나오는 상상의 동물) 동상? 높은 빌딩 세 개가 배를 얹고 있는 마리나 베이 샌즈 호텔? 혹시 나무가 빽빽하게 들어선 열대 우림을 상상하지는 않을까? 싱가포르는 국제적인 도시이지만 열대 우림의 나라이기도 하다. 세계 지도를 펼쳐 싱가포르를 찾아보자! 적도와 매우 가깝다. 자연 그대로 두면 싱가포르 국토는 열대 우림으로 뒤덮일 것이다. 실제로 도심을 벗어나면 열대 우림을 만날 수 있다.

머라이언 공원

도시 국가 싱가포르는 열대 우림 기후!

열대 우림 기후는 기본적으로 덥고 습하답니다. 평균 최고 기온이 30~32도 사이고 최저 기온은 24~25도 정도예요. 하지만 건물 안으로 들어가면 추위를 걱정해야 할 정도로 에어컨을 빵빵하게 틀어 놓아요. 더위보다는 오히려 스콜을 걱정해야 할지도 몰라요. 스콜은 거의 매일 내리는 비인데, 주로 오후에 2~4시간 정도 천둥, 번개까지 치면서 세차게 내려요. 그런데 거의 매일 스콜이 내리다 보니 싱가포르 사람들은 매우 익숙합니다. 그리고 상점가 앞에 아치 모양의 지붕을 만들었어요. 건물마다 지붕이 잘 이어져 있으니, 비를 거의 맞지 않고 이동이 가능해요. 비 맞기 싫다면 식사나 쇼핑 시간을 비 오는 시간대로 잡아 두면 됩니다! 스콜이 그친 후엔 쾌적한 날씨가 이어져서 야외 활동 하기에 참 좋아요.

싱가포르에서 천둥, 번개, 갑작스러운 폭우는 평범한 일상이다.

어쩌다가 열대 우림에 대도시가?

어쩌다 적도에 이렇게 큰 무역 도시가 생겼을까요? 싱가포르가 지리적으로 매우 중요한 곳에 위치해 있기 때문이죠. 배가 드나들기 좋아서 과거 영국이 아시아의 많은 국가를 식민 지배할 때, 싱가포르를 항구 도시로 개발시켰답니다. 고로 싱가포르는 자연스럽게 생긴 도시는 아닌 셈이에요. 급작스럽게 성장한 도시의 노동 인구를 채우기 위해 많은 중국 사람들이 이민을 오게 되었어요. 인도에서도 왔고요. 하지만 태평양 전쟁이 끝난 후 전 세계에서 독립의 물결이 일어났고, 싱가포르도 자연스럽게 선택의 기로에 섰습니다. 하나의 나라로 독립하기에는 너무 작은 땅이었기에 처음에는 말레이시아로 들어가려 했어요. 하지만 중국 사람들의 힘을 두려워했던 말레이시아는 싱가포르를 끝내 받아들이지 않았습니다. 싱가포르는 원치 않는 독립을 한 셈이었어요. 작은 국가로 살아남기 위해 싱가포르는 이를 악뭅니다. 리콴유 총리는 무역 국가로서의 정체성을 유지하기 위해 많은 국가들과 우호적인 관계를 유지했고, 국가를 빠르게 발전시키기 위해 강력한 법을 만들었어요. 이윽고 싱가포르는 아시아에서 1인당 국민 소득이 가장 높은 나라로 성장했답니다.

싱가포르는 다문화 국가!

싱가포르는 여러 이주민들로 구성된 나라예요. 다민족, 다인종, 다문화 국가라고 하죠. 인구 구성을 살펴보면 일단 중국계가 70퍼센트 이상으로 가장 많습니다. 그 다음이 말레이계로 13~14퍼센트, 다음은 인도계로 8~9퍼센트, 그리고 기타 유럽과 아시아계 인구가 3퍼센트 정도 있어요. 여기서 끝이 아니에요. 정말 많은 외국인들이 살거든요. 거주 인구의 약 40퍼센트가 외국인이랍니다. 2021년에는 코로나19의 영향으로 27퍼센트 정도로 내려갔다고 해요.

싱가포르는 이처럼 다양한 민족과 문화가 섞인 곳이랍니다. 서로의 문화와 종교를 존중하죠. 일반적 거리 문화는 유럽이나 미국에 좀 더 가깝지만, 리틀 인디아 거리로 가면 인도 문화가, 차이나 타운으로 가면 중국 문화가, 아랍 스트리트로 가면 이슬람 문화가 살아 있어요. 매일매일 세계 여행을 하는 기분이랍니다.

싱가포르에선 어떤 언어를 쓸까?

싱가포르는 다양한 나라에서 온 사람들로 이루어진 나라인 만큼 언어 통합에 대한 고민이 많았습니다. 출신 민족에 따라, 가족이나 친구들끼리는 출신지의 언어를 쓰기도 하는데요. 그럼에도 모두들 영어를 능숙하게 구사할 줄 안답니다. 학교 수업도 영어로 진행하고요. 간혹 영어를 못 하는 어르신도 있지만, 대다수의 싱가포르 국민들은 영어를 능숙하게 구사해요. 거기에 기본적으로 1개의 언어를 더 배워요. 학교에서 중국어, 말레이어, 타밀어 중에 한 가지 언어를 선택해서 배우거든요. 아무래도 중국계가 가장 많기 때문에 중국어를 배우는 사람이 제일 많아요.

차이나 타운

차이나 타운은 중국인 이민자들이 모여 살던 곳이다. 지금은 관광지로 유명하다.

리틀 인디아

리틀 인디아는 인도계 사람들이 모여 사는 곳이다. 인도 식당이 많아 향신료 냄새가 가득하다.

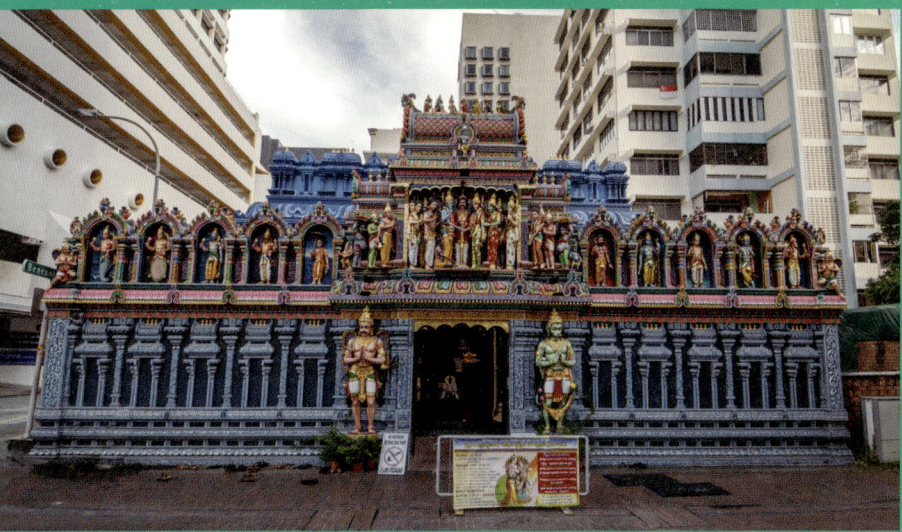

아랍 스트리트

아랍 스트리트는 이슬람 사원이 있고 아랍계 사람들을 많이 볼 수 있는 곳이다.

싱가포르의 영어는 조금 다르다고?

똑같은 영어라 하더라도 나라마다 특유의 영어가 있어요. 싱가포르에서 사용하는 영어는 '싱글리시'라고 하는데 영국식 영어에 중국어와 말레이어의 문법이나 특유의 발음이 섞여 있어요. 된소리를 강하게 낸다거나, 문장 끝에 '라(lah)'나 '야(ya)'를 붙이는 습관이 있지요. 기존의 영어 문법에서는 주어를 생략할 수 없는데 '나'를 뜻하는 'I(아이)'를 생략하기도 합니다. '할 수 있다'는 뜻의 'can(캔)'도 원래 단독으로 쓰일 수 없지만, 할 수 있다는 의미로 그냥 '캔' 한마디만 하기도 해요. 같은 말을 두 번 반복하는 것도 특징이어서 '캔캔' 이렇게 두 번 말하기도 하고요. 재미있죠?

까다로운 싱가포르의 법!

싱가포르는 벌금이 센 나라로 잘 알려져 있죠. 나라를 통합하고 사회 질서를 유지하기 위해 강력한 법을 만들었기 때문인데요. 금연 구역에서 담배를 피우는 것은 당연히 불법이고 버스나 지하철에서 생수도 마실 수 없어요! 거리를 더럽힐 수 있는 껌은 아예 소지 자체가 불법입니다. 그나마 이러한 가벼운 범죄는 벌금으로 그치는데, 강력 범죄는 엉덩이를 세게 내려치는 태형에 처해지기도 합니다. 외국인에게도 가차 없이 적용되니 싱가포르에서는 행동을 조심하는 게 좋아요. 이런 얘기를 들으면 왠지 경찰이 곳곳에서 지켜보고 있을 것 같지만 생각보다 경찰을 만나기란 쉽지 않아요. 경찰차도 안 보이고요. 그렇지만 거리 곳곳에 단속 카메라가 많고

싱가포르는 어디를 가든 벌금 안내판을 볼 수 있다. 금연 구역에서 담배를 피우다가 적발되면 약 90만 원, 버스나 지하철에서 음식물을 섭취하면 약 45만 원, 불에 잘 타는 제품 소지 시엔 약 460만 원 가량의 벌금을 내야 한다.

불법 현장을 목격한 사람들이 고발하는 경우가 많아요.

싱가포르 거리와 자동차

싱가포르는 영국의 영향으로 차가 오는 방향이 우리와 반대이기 때문에 횡단보도를 건널 때 주의해야 해요. 벌금 때문에 길을 건널 때마다 마음을 졸이게 되는데, 의외로 무단횡단을 잡는 경우는 많이 없대요. 보행자를 우선하는 사회 분위기 때문이에요. 여러모로 자동차가 다니기엔 좋지 않습니다. 경적 소리를 내도 안 되고요. 복잡한 시간대에는 통행세도 내야 해요. 수리비도 엄청 비싸요. 그리고 애당초 자동차를 사는 일이 만만치 않습니다. 정부에서 교통 체증 방지를 위해 전체 자동차 대수를 관리하기 때문이에요. 이 때문에 자동차 세금이 자동차 값보다 2~3배씩 비싸기도 해요. 재미있는 것은 달마다 자동차 대수를 보고 세금을 조정하기 때문에 어느 달에 구입하느냐에 따라 1000만 원 이상 차이가 나기도 한대요. 다행히 싱가포르는 자동차가 없어도 살기 편해요. 지하철도 잘 깔려 있고, 택시 같은 경우 승차 거부도 없어요.

싱가포르의 아파트는 어떨까?

싱가포르는 국민의 약 90퍼센트가 자기 집이 있고, 이중 80퍼센트는 나라에서 보급하는 주택에서 산대요. 나라에서 공공 주택의 설계부터 분양까지 담당하며, 국민에게 정부 지원금을 주고 지원한답니다.

하지만 우리 입장에서 다소 당황스러운 부분도 있는데 바로 방충망이 없다는 점이랍니다. 싱가포르는 열대 기후인 것에 비하면 벌레가 없는 편이기는 해요. 나라에서 철저하게 방역 작업을 하거든요. 집 주변에 고인 물을 방치하면 모기가 생기기 때문에 벌금을 내야 하기도 한대요. 그래도 벌레가 없는 것은 아니어서 집 안으로 들어오기도 하고 도마뱀이 나타나기도 해요. 하지만 싱가포르 사람들은 방충망이 거추장스러워 쓰지 않는다고 합니다.

저렴한 가격에 만족스러운 한 끼! 호커 센터

호커 센터는 길거리 노점상을 한 군데에 모은 야외 복합 시설이에요. 노점상은 불법이지만 이들을 한 군데에 모아 합법적인 시설로서 관리해요.

1년에 한 번 가게마다 등급을 매겨 위생을 관리하는 호커 센터   밥 위에 삶은 닭고기를 얹어 고추 소스와 함께 먹는 치킨 라이스

저렴한 가격에 즐길 수 있는 데다 워낙 종류도 다양하고 맛있는 음식이 많아서 현지인과 여행자 모두 좋아한답니다.

싱가포르에서는 열대 과일을

맛있게 식사를 한 다음 싱가포르의 열대 과일을 후식으로 즐겨 볼까요? 파파야나 잭 프루트처럼 우리나라에서는 보기 힘든 열대 과일을 맛볼 수 있어요. 그중 가장 유명한 것은 두리안인데 뾰족뾰족 커다란 폭탄처럼 생긴 초록색 과일이에요. 영양가가 많은데 안타까운 것은 괴상한 냄새가 난다는 거죠. 역한 냄새를 이기고 맛을 본 사람들은 슬며시 두리안에 빠진답니다.

❺ 아시아와 유럽의 만남, 이스탄불

이스탄불은 유럽과 아시아 두 대륙에 걸쳐진 도시이자 튀르키예 최대의 도시다. 튀르키예의 수도인 앙카라보다 더 유명하다. 약 1100년 동안 기독교 국가의 수도였으며 약 500년 동안은 이슬람 국가의 수도였다. 그만큼 다양한 문화와 오랜 전통이 살아 숨 쉬는 도시다. 도시 전체가 유네스코 세계 문화유산으로 지정될 정도다.

인구	약 15,204,387명	**면적**	약 1539km²	**언어**	튀르키예어
GDP	약 2473억 달러	**공기 질**	27㎍/m³(좋음)	**국제 공항**	아타튀르크 국제 공항
대학교	이스탄불 대학교	**박물관 및 미술관**	이스탄불 고고학 박물관	**시차**	서울보다 -6시간

이스탄불을 빛낸 사람들

오르한 파묵

2006년 《내 이름은 빨강》으로 튀르키예인 최초 노벨문학상을 받은 이스탄불 출신 소설가다. 튀르키예 베스트셀러 작가다.

김연경

우리나라 출신의 세계적인 배구 선수다. 이스탄불을 연고지로 하는 여자 배구 클럽, 페네르바흐체와 엑자시바시 비트라에서 크게 활약했다.

미마르 시난

오스만 제국의 위대한 건축가다. 술탄 아흐메트 모스크 등 이스탄불의 유명한 건물 대부분을 디자인하거나 건축하거나 감독했다.

이스탄불은 보스포루스해협을 사이에 두고 아시아와 유럽으로 나뉜다.

유럽 / 파티흐 술탄 메흐메트 대교 / 아시아 / 보스포루스해협

유럽 · 이스탄불 · 아시아 · 서울 · 아프리카

비행 거리: 약 7955km
비행 시간: 약 11시간 25분

홍차를 파는 바닷가 찻집

다양한 색깔의 유리 조각을 붙여 만든 튀르키예식 전등

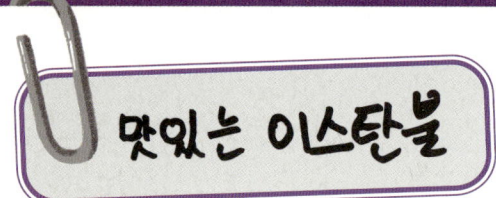 

맛있는 이스탄불

유럽과 아시아의 사이에 위치해 동서양이 조화를 이룬 튀르키예. 문화가 섞이면 뭐가 맛있다? 음식이 맛있다! 튀르키예의 경우 지역에 따라 요리가 굉장히 다양한데, 이스탄불은 다른 지역에 비해 향신료를 적게 쓰고 생선 요리를 많이 먹는 편이다.

▎시미트 빵

이스탄불의 대표적인 길거리 음식인 시미트 빵. 길거리 노점에서 팔기도 하고 상인이 머리에 한가득 이고 다니며 팔기도 한다.

▎고등어

이스탄불 어디를 가나 고등어 요리를 맛볼 수 있다. 이스탄불의 별미이다. 특히 빵 속에 고등어를 넣은 고등어 케밥도 인기가 많다.

▎카다이프

이스탄불의 여러 가지 달콤한 디저트 중 하나. 얇은 반죽에 피스타치오를 넣어 구운 뒤 시럽에 절였다. 이스탄불 사람들은 홍차와 함께 먹는다.

▎튀르키예식 홍차

이스탄불 어디를 가든 홍차를 마시는 사람들을 쉽게 볼 수 있다. 튤립처럼 생긴 찻잔에 홍차를 따라 마신다. 각설탕을 녹여 마시기도 한다.

케밥

케밥은 튀르키예 음식이지만 이제는 세계적인 음식이 되었다. 보통 케밥이라고 하면 빵 사이에 두툼한 고기와 양파, 토마토 등의 채소가 들어간 모양을 떠올린다. 그런데 케밥의 본고장 튀르키예에서는 케밥의 범위가 훨씬 넓다. 꼬치에 고기를 꿰어 불에 구운 것을 다 케밥이라고 부른다.

아직은 '터키'라는 이름으로 더 친숙한 튀르키예! 하지만 2022년부터 공식 한국어 표기가 옛 영어 이름이었던 '터키'에서 현지 이름인 '튀르키예'로 바뀌었다. 튀르키예는 동서양의 문화가 절묘하게 섞여 있는 신기한 나라다. 튀르키예의 수도는 내륙에 있는 앙카라지만, 튀르키예를 대표하는 도시는 이스탄불이라고 할 수 있다. 이스탄불은 튀르키예에서 가장 인구가 많은

도시이자, 동시에 문화, 경제, 역사의 중심지다. 또한 보스포루스해협을 사이에 두고 아시아와 유럽으로 나뉘는 특이한 도시다. 지하철, 버스, 수상 버스까지 연결되어 자유롭게 아시아와 유럽을 오갈 수 있다. 이스탄불 인구의 3분의 2는 유럽 쪽에, 나머지 3분의 1은 아시아 쪽에 살고 있다. 그러다 보니 이스탄불은 어떤 부분에서는 아시아 스타일이 툭, 어떤 부분에서는 유럽 스타일이 툭, 튀어나오는 재미난 도시가 되었다.

갈라타 다리

갈라타 탑에서 바라본 갈라타 다리와 시내 야경이다. 갈라타 다리는 굉장히 많은 사람들로 북적이는 곳이다. 다리 위에서는 고등어 케밥을 파는 노점과 낚시를 하는 사람들이 뒤엉켜 북새통을 이루고 다리 아래에는 카페와 식당들이 있다.

> 대부분의 이슬람 사원에는 4개의 첨탑이 있는데, 블루 모스크는 첨탑이 6개야.

블루 모스크

내부의 타일이 푸른빛을 띠고 있어 블루 모스크라 불리는 이 모스크의 정식 이름은 술탄 아흐메트 모스크이다. 세계에서 가장 아름다운 모스크라는 평가를 받고 있으며 아야 소피아와 멀지 않은 곳에 위치해 있다.

살아 있는 역사 박물관, 이스탄불

과거 비잔티움이라는 이름으로 존재하던 이스탄불이 서서히 역사의 주인공으로 자리매김하게 된 시기는 바로 330년부터예요. 로마의 황제가 이스탄불을 새로운 로마의 수도로 삼았거든요. 이때 만들어진 나라를 동로마 제국, 혹은 비잔틴 제국이라고 불러요. 그리고 이때, 도시의 이름이 콘스탄티노플로 바뀌었어요. 비잔틴 제국은 무려 1000여 년의 역사를 지속한 후 1453년에 멸망합니다. 비잔틴 제국을 멸망시키고 이스탄불의 새로

운 주인이 된 나라가 바로 오스만 제국이었어요. 새로운 강대국으로 떠오른 오스만 제국은 이슬람교를 믿었고, 콘스탄티노플의 이름도 이제 이스탄불로 바뀝니다. 화려했던 오스만 제국은 훗날 제1차 세계 대전에서 멸망해요. 그 이후 지금의 튀르키예 공화국이 세워졌죠. 대충 들어도 복잡한 역사죠? 이스탄불의 복잡한 역사를 한눈에 보여 주는 장소가 있는데 바로 아야 소피아입니다.

아야 소피아의 내부에는 가톨릭의 종교화나 모자이크, 알라를 찬양하는 아랍어 글자가 어우러져 있다.

성당? 모스크? 박물관? 아야 소피아의 슬픈 역사

이스탄불의 옛 중심지에 가면 커다란 돔 지붕의 건축물 두 개가 눈에 띄어요. 블루 모스크와 아야 소피아입니다. 이 중 아야 소피아는 537년에 지어진 성당이었습니다. 이스탄불의 유서 깊은 건축물 중 가장 인기 있는 곳이지요. 지금으로부터 약 1500년 전에 지어진 아야 소피아는 당대로서는 세계적인 크기를 자랑하는 곳이었어요. 훗날 바티칸에 성 베드로 성당이 지어지기 전까지는 천 년 동안이나 세계에서 가장 큰 종교 건축물의 자리를 지켜 오기도 했죠. 그런데 이 커다란 건축물을 짓는 데는 채 6년이 걸리지 않았대요. 그 오랜 세월 동안 수많은 지진에도 무너지지 않은 기

뾰족하게 솟아 있는 곳이 이스탄불 시내 전체와 보스포루스해협을 한눈에 볼 수 있는 전망대 갈라타 탑이다.

적의 건축물이기도 합니다. 아야 소피아의 위용이 얼마나 대단했으면 훗날 오스만 제국의 술탄(이슬람 국가의 왕)은 아야 소피아보다 더 뛰어난 건물을 짓고 싶어 비슷하게 생긴 건물을 옆에 만들어요. 그곳이 바로 또 하나의 돔 건축물인 블루 모스크입니다. 모스크는 이슬람 사원을 뜻하는 단어예요.

아야 소피아의 역사는 기구하기 짝이 없어요. 성당으로 지어져 916년간은 성당으로서 자리를 지켰는데 1453년, 이슬람교를 믿는 오스만 제국의 땅이 되면서 이후 481년간은 모스크가 되어야만 했거든요. 모스크가 되기 전, 십자군 전쟁 때에는 베네치아에서 온 십자군에 의해 아야 소피

고등어 요리를 먹고 있는데 식당에 나타난 고양이. 식당 주인은 고양이를 내쫓지 않는다.

아가 크게 훼손되기도 했어요. 기독교 내 종교 해석에 관한 의견 차이로 생긴 화풀이였죠. 훗날 오스만 제국이 멸망한 뒤 튀르키예 공화국이 들어서며 아타튀르크 대통령은 아야 소피아를 박물관으로 바꿉니다. 하지만 2020년, 다시 이슬람 모스크의 역할로 돌아가게 되었습니다. 종교 화합의 상징이었던 아야 소피아가 하나의 종교만을 위한 건축물로 다시 돌아가면서 세계인들이 우려를 표하고 있어요.

조금은 낯선 종교, 이슬람교

이슬람교는 우리에게 조금 낯선 종교지요. 우리나라에는 이슬람교를 믿는 사람이 많지 않기 때문이에요. 하지만 이슬람교는 세계 인구의 약 25

퍼센트가 믿고 있는, 전 세계에서 2번째로 신도가 많은 종교예요. 이슬람교는 610년 예언자 무함마드가 창시한 종교예요. 세상에 하나뿐인 신인 알라를 믿으며 알라의 가르침을 예언자 무함마드가 받아 전달했다고 믿습니다. 이슬람교를 믿는 사람들을 무슬림이라고 부르는데, 무슬림들은 이슬람의 경전인 《코란》에 실린 교리를 따릅니다.

이스탄불은 고양이를 사랑해

혹시 고양이 좋아하세요? 이스탄불을 여행하다 보면 유난히 고양이를 많이 만날 수 있습니다. 그리고 하나같이 뻔뻔하고 사랑스럽죠. 사람이 있건 없건 신경 쓰지 않습니다. 카페나 가게 안으로도 곧잘 들어가 손님 대신 자리 한 칸을 차지하고 있기도 하죠. 튀르키예 사람들은 이런 고양이들을 절대 내쫓거나 구박하지 않습니다. 오히려 예뻐하고 밥을 챙겨 주기도 해요. 튀르키예 사람들이 고양이를 좋아하는 이유에 이슬람교가 관련되어 있는데 예언자 무함마드가 고양이를 무척 좋아했기 때문이래요. 고양이가 도도한 이유는 고양이가 신의 존재를 알아서 인간에게는 복종하지 않기 때문이라고 생각하기도 한대요.

이슬람의 시장, 바자르로 떠나요!

낯설고 이국적인 이슬람 문화는 멀리서 온 여행자들을 흥분시키죠. 그중에서도 이슬람의 정취를 느끼기에 가장 좋은 곳이 바로 바자르입니다. 바

세계 각지의 향신료가 모여 있는 그랜드 바자르의 향신료 가게

자르는 '시장'이라는 뜻이에요. 이스탄불에서 가장 유명한 시장은 그랜드 바자르입니다. 그랜드 바자르의 역사는 무려 비잔틴 제국 시대로 거슬러 올라가요. 이스탄불이 실크로드의 종착지였던 만큼, 현재 그랜드 바자르가 자리 잡은 장소는 세계적인 무역의 중심지 중 하나였습니다. 지금도 세계에서 가장 큰 바자르 중 하나로, 20여 개의 출입구와 5000여 개의 가게들이 모여 있어요. 아라비아 스타일의 장식 무늬인 아라베스크 문양이 그려진 돔 지붕 아래에서 편하게 쇼핑할 수 있답니다. 이국적인 각종 향신료부터, 장인의 솜씨가 엿보이는 카펫, 알록달록한 조명 제품과 수공예품, 반짝이는 보석, 아라비아풍의 그릇들…. 없는 것 빼고 다 있다는 그랜드 바자르! 박물관에 온 것보다 더 신나게 감상할 수 있어요. 가격 흥정은

필수이니 마음 단단히 먹고 가세요!

케밥의 나라, 튀르키예!

케밥에 쓰이는 고기는 다양합니다. 소고기, 닭고기, 양고기…. 하지만 유일하게 케밥의 재료로 쓰이지 않는 고기가 있어요. 바로 돼지고기죠. 《코란》에서는 돼지를 불결한 동물로 보기 때문에 이슬람 세계에서는 돼지고기를 먹지 않습니다. 케밥 외에도 홍합 안에 밥을 넣어 먹는 미디예돌마, 감자 위에 각종 토핑을 얹어 먹는 쿰피르, 이색 길거리 음식인 고등어 케밥, 커피나 차에 곁들여 먹기 좋은 다디단 디저트 로쿰 등 다양한 먹거리가 있어요. 점원이 아이스크림을 줄 듯 말 듯 장난치는 튀르키예 아이스크림 알지요? 현지에서는 돈두르마라고 부른답니다.

❻ 가우디가 꽃피운 도시, 바르셀로나

바르셀로나는 스페인 제2의 도시이자 스페인 최대의 관광 도시, 카탈루냐 자치 지역(스페인 동북부)의 중심 도시다. 지중해 연안의 항구 도시이자 상공업으로는 스페인에서 첫 손가락에 꼽히는 도시이기도 하다. 고대 로마 시대 때부터 2천 년에 걸쳐 발달해 온 역사 깊은 도시다. 또한 곳곳에 스페인의 유명 건축가 가우디의 화사하고 독특한 건물들이 자리하고 있다.

인구 약 1,664,182명	**면적** 약 101.4km²	**언어** 카탈루냐어, 스페인어
GDP 약 1733억 달러	**공기 질** 32㎍/m³(좋음)	**국제 공항** 바르셀로나 엘 프라트 공항
대학교 바르셀로나 대학교	**박물관 및 미술관** 국립 카탈루냐 미술관	**시차** 서울보다 -7시간

바르셀로나를 빛낸 사람들

안토니 가우디

스페인의 건축가다. 건물을 지을 때 유려한 곡선과 섬세한 장식, 화려한 색을 써서 독특한 느낌을 준다. 바르셀로나는 '가우디의 도시'라 불리기도 한다.

카를레스 푸욜

스페인의 축구 선수다. FC바르셀로나에서도 멋지게 활약했지만 국가 대표로서도 스페인 역사상 가장 훌륭한 수비수 중 한 명이라는 평가를 받는다.

호세 카레라스

바르셀로나 출신의 세계적인 성악가다. 세계 3대 테너의 한 사람으로 많은 사람들의 사랑을 한 몸에 받았다. 호소력 짙은 목소리와 연기로 유명하다.

바르셀로나 대성당. 이 성당 앞에서는 매주 목요일 벼룩시장이 열린다.

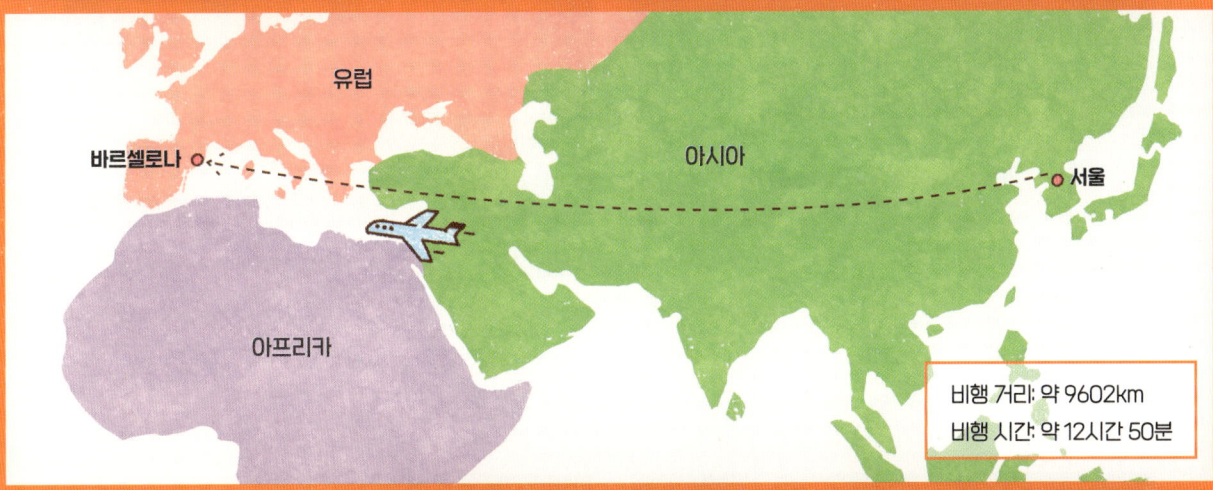

비행 거리: 약 9602km
비행 시간: 약 12시간 50분

가우디의 건축물 카사 바트요. 해골 모양의 테라스와 뼈처럼 보이는 기둥이 인상적이다.

시내 중심가에 있는 보케리아 시장의 풍경

맛있는 바르셀로나

바다로 둘러싸인 스페인은 해물 요리가 발달했다. 그리고 유럽에서 쌀 소비를 가장 많이 하는 나라이기도 하다. 예부터 유럽과 이슬람 문화가 섞이면서 독특하고 맛있는 음식이 발달했고 스페인의 여러 지역 중에서도 특히 바르셀로나는 지중해 연안에서 나는 해산물, 야채와 과일 등의 각종 재료를 바탕으로 달콤함과 짭조름한 맛의 조화를 이루는 음식이 많다.

새우
바르셀로나는 바다를 접하고 있어 싱싱하고 다양한 해산물로 요리를 한다. 그 가운데 새우도 인기 재료이다. '새우의 왕'이라는 음식점이 있을 정도다.

칼솟
대파처럼 생겼는데 스페인에서 '칼솟'이라고 하는 야채다. 까맣게 탈 때까지 구워서 탄 부분은 벗겨 내고 하얀 속살만 먹는다.

하몽
하몽은 돼지 다리를 소금에 절여 길게는 2년까지 숙성시킨 생햄이다. 익혀 먹지 않고 생으로 얇게 썰어 올리브 오일을 뿌려 먹거나 빵에 얹어 먹는다.

조개
우리나라의 맛조개와 비슷하게 생겼다. 올리브 오일만 뿌려 가볍게 구운 뒤 레몬즙을 뿌려서 먹는다. 조개의 감칠맛과 레몬의 상큼함이 어우러진다.

타파스

스페인에서 본격적으로 끼니를 먹기 전에 간단히 먹는 음식. 오징어·문어·생선 튀김, 하몽, 치즈 스틱, 빵 위에 각종 재료를 올린 음식 등 무엇이든 간단히 먹을 수 있다면 타파스가 될 수 있다.

가우디는 사그라다 파밀리아뿐만 아니라 바르셀로나 곳곳에 멋진 건축물들을 많이 남겼다. 구엘 공원은 오색 타일과 부드러운 곡선으로 유명하다. 구엘 공원에 있는 건물은 마치 《헨젤과 그레텔》에 나오는 과자 집 같다. 가우디는 바르셀로나 시내에 독특한 집도 지었다. 해골과 뼈다귀가 떠오르는 카사 바트요, 구불구불한 곡선과 옥상 조각상으로 유명한 카사 밀라가 대표적이다. 건축 당시에는 괴상하고 기이하다는 평이 많았으나 지금은 바르셀로나의 대표 관광지 중 하나가 되었다.

구엘 공원

사그라다 파밀리아 성당

천재 건축가 가우디의 도시

여러분들은 혹시 '안토니 가우디'라는 이름을 들어 보셨나요? 바르셀로나는 세계적으로 이름난 천재 건축가 가우디가 활발하게 활동했던 도시예요. 도시 전체가 시원하게 내려다보이는 바르셀로나의 전망대에 오르면 유난히 눈에 띄는 커다란 건물이 하나 보여요. 뾰족뾰족 튀어나온 옥수수 같은 건물, 발견하셨나요? 바로 사그라다 파밀리아라는 성당입니다. 이 성당은 가까이에서 보면 더욱 화려합니다. 뾰족한 첨탑이 특징인 유럽의 가톨릭 고딕 양식과 아치문, 벽돌, 타일 사용이 특징인 스페인식 이슬람 건축 양식이 섞여 있거든요(스페인은 711년부터 약 800년간 이슬람의 지배를 받

> 바르셀로나 항구는 2천 년의 역사를 갖고 있어. 유럽에서도 손꼽히는 규모야!

바르셀로나 전경

바르셀로나는 바다와 맞닿아 있는 도시로 스페인에서 가장 큰 항구 도시이기도 하다. 100척이 넘는 배가 바르셀로나와 세계의 주요 항구를 연결하고 있다. 왼쪽에 뾰족하게 튀어나온 건물이 현재까지도 공사가 진행 중인 사그라다 파밀리아 성당이다.

은 적이 있어요). 이는 가우디의 독창적인 건축 방식입니다. 게다가 곡선을 많이 사용해서 자연과도 잘 어우러지죠. 게다가 1882년부터 지금까지 무려 150년 가까이 공사 중인 건물이에요. 2026년 완공을 목표로 하고 있었는데, 코로나19의 영향으로 조금 늦어질 수 있다고 하네요.

자유로운 바르셀로나 사람들

바르셀로나는 예술적인 분위기로 늘 둘러싸여 있어요. 가우디 외에도 피카소나 미로 같은 유명 화가들이 바르셀로나에서 활동했지요. 지금도 위대한 예술가들의 발자취를 따르려는 이들이 이곳에 모여 예술혼을 불태

공사 중인 사그라다 파밀리아 성당

웁니다. 바르셀로나 사람들 역시 자유를 사랑하지요. 바르셀로나는 패션의 도시로도 유명하지만, 일반 사람들은 심플하고 캐주얼한 옷과 운동화를 선호해요. 가장 편하고 자유로운 패션이기 때문이에요. 특별한 날이 아니라면 여성들은 화장도 거의 하지 않아요. 삭발을 한 여성도 은근히 많습니다. 자유를 억압하는 것에는 당당하게 맞서겠다는 의지가 보이네요! 관광객도 많고 외국에서 일하러 들어온 사람들도 많으니 모든 사람에게 열려 있고 분위기 자체가 자유로워요.

바르셀로나는 억울해!

바르셀로나는 스페인에서 가장 부유한 지역 중 하나로 꼽혀요. 예부터 지중해 무역의 중심지였고 상공업이 발달했거든요. 깐깐하게 무역하던 습관이 남아 있는지, 스페인에서는 '바르셀로나 사람들은 구두쇠 같다'는 편견을 가지고 있다 합니다. 돈 계산이 철저하고 자신의 것과 남의 것을 확실히 구분하는 야박한 이미지가 있대요. 실제로 식당에서 둘 이상 밥을 먹으면 영수증을 인원수대로 잘 챙겨 준다고 합니다. 이렇게 돈 계산 철저한 바르셀로나가 지금은 가우디 덕에 관광업까지 대박 났어요. 스페인 정부는 바르셀로나의 수입에 크게 의존합니다. 하지만 스페인의 수도는 바르셀로나가 아니에요. 마드리드죠. 바르셀로나는 마드리드가 마음대로 권력을 휘두르는 것이 마음에 들지 않습니다. 실제로 바르셀로나가 속한 카탈루냐 지역 시민들의 30~40퍼센트는 카탈루냐가 스페인에서 독립

가우디가 설계한 연립 주택 건물 카사 밀라. 거대한 하나의 바위처럼 보인다.
난간은 미역 줄기가 붙어 있는 것처럼 독특하게 디자인했다.

해 별개의 나라가 되기를 원합니다. 바르셀로나 곳곳에 카탈루냐 독립을 원하는 깃발이 걸려 있기도 해요. 부유한 지역이 조금 희생할 수도 있지 이기적인 거 아니냐고요? 하지만 바르셀로나 입장에서는 나름대로 사정이 있답니다. 바르셀로나는 스페인어가 아닌 카탈루냐어를 따로 쓰고 있을 정도로 지역 정체성이 강해요. 하지만 스페인과 한 나라가 되면서, 카탈루냐는 수도 마드리드가 있는 카스티야 지역에 의해 많은 억압과 차별을 받았습니다. 스페인 내전이 일어났을 때는 독재자 프랑코가 많은 카탈루냐 사람들을 희생시켰고, 중앙 정부가 카탈루냐어 교육을 금지시킨 적이 있을 정도였지요. 그래서 현재까지도 카탈루냐 독립을 요구하는 이들이 많습니다.

바르셀로나에서는 스페인어가 아니라 카탈루냐어를 쓴다고?

네, 맞아요. 앞에서 잠시 언급했듯이 바르셀로나에서는 스페인어가 아닌 카탈루냐어를 씁니다. 카탈루냐어와 스페인어의 차이는 생각보다 꽤 커요. 옆 나라 포르투갈에서 쓰는 포르투갈어가 오히려 카탈루냐어와 더 닮았다고 하네요. 스페인은 본디 다양한 나라들이 모여 만들어진 국가였어요. 그래서 지역별로 언어가 꽤나 다른 편이랍니다. 우리가 보통 스페인어라고 하는 언어는 수도 마드리드가 있는 카스티야 지역에서 쓰는 카스티야어라고 할 수 있어요. 그래서 실제 스페인 사람들끼리는 스페인어를 카스티야어라고 정확히 지칭한다고 해요. 그렇다면 바르셀로나에서는 스페인어가 통하지 않는 걸까요? 다행히 스페인어가 통하지 않는 것은 아니에요. 시민들 모두 스페인어 교육도 받았거든요.

바르셀로나의 자존심 FC 바르셀로나!

그렇다면 바르셀로나 사람들이 얼마나 마드리드에게만큼은 이기고 싶어 할지 잘 아시겠지요? 그들의 라이벌 의식을 확실하게 느낄 수 있는 곳이 바로 축구장이에요! 바르셀로나의 축구팀 'FC 바르셀로나'와 마드리드의 축구팀 '레알 마드리드'는 영원한 맞수라고 할 수 있어요. 바르셀로나에서 레알 마드리드와의 경기가 있는 날에는 온 동네가 떠들썩합니다. 티켓은 당연히 매진이죠. 암표 값도 한없이 치솟는다고 합니다. 운 좋게 티켓을 구했다면 경기장의 미친 듯한 열기를 느낄 수 있는 절호의 기회를 잡은

FC바르셀로나의 홈 경기장 캄프 누. 약 99,354명이 들어갈 수 있는 세계적인 축구 전용 경기장이다.

셈입니다! 티켓을 구하지 못했다고 너무 아쉬워하지는 마세요. 경기가 없는 날에는 구장을 돌아볼 수 있는 투어 상품도 있으니까요.

쉴 땐 쉬어야 바르셀로나지

여러분은 시에스타(siesta)라는 말을 들어보셨나요? '낮잠'을 뜻하는 스페인어인데요. 햇볕이 뜨거운 오후 2~4시에 쉬는 풍습을 의미한답니다. 요즘은 어린아이나 노인을 제외하면 실제로 낮잠을 자는 사람은 많지 않아요. 하지만 대개는 일을 멈추고 편히 쉰답니다. 관공서도 회사도 심지어 학교에서도 쉬는 시간을 가져요. 집으로 돌아가 점심을 먹고 취미 생활을 즐기거나 카페에서 시간을 보내죠. 시에스타 시간에 전화하는 것도 실례라고 해요.

바르셀로나라면 동네 어디에서나 볼 수 있는 타파스 바

바르셀로나 사람들은 하루에 다섯 끼를 먹는다고?

쉬는 데 진심인 바르셀로나 사람들은 식사 시간이 긴 것으로도 유명합니다. 그들의 하루 식사 스케줄을 살펴볼까요? 아침 식사는 7~9시 즈음 집이나 바(bar)에서 간단하게 먹어요. 11시가 조금 넘으면 커피를 곁들여 간단하게 샌드위치를 먹곤 해요. 그리고 2시가 넘어야 집이나 레스토랑에서 점심 식사를 해요. 또 6~7시 즈음에 카페에 가서 다과를 즐기거나 타파스 바라고 불리는 곳에 가서 타파스를 먹어요. 타파스는 한입에 쏙 들어가게 만든 음식을 뜻해요. 본격적인 저녁 식사는 8시 이후에 시작합니다. 레스토랑도 8시부터 저녁 식사 예약이 가능해요. 주말이라면 자정까지도 느긋하게 식사하는 것이 바르셀로나 사람들의 특징입니다.

보케리아 시장을 구경해 봐요

바르셀로나의 식탁을 책임지는 시장도 한번 구경해 볼까요? 보케리아 시장은 바르셀로나에서 가장 유명한 시장이에요. 관광객이 많기 때문에 값이 저렴하진 않다고 하지만 여전히 구경하는 재미가 있죠. 바르셀로나에서는 보통의 다른 유럽 도시와는 달리 곳곳에서 싱싱한 해산물을 만날 수 있어요. 다양한 생선을 구경하는 재미가 있죠. 소금에 절인 돼지 뒷다리 하몽도 요란스럽게 걸려 있습니다. 절로 시선이 가는 하몽 상점은 스페인 시장에서 가장 눈에 띄는 곳이기도 합니다.

그리고 여러 타파스 바를 만날 수 있는 것도 특징입니다. 가볍게 요기를 하고 가기에 딱 좋아요. 곳곳에 생과일 주스도 함께 팔고 있으니, 여러모로 행복한 시장 구경입니다.

바다가 가까운 바르셀로나는 다양한 해산물을 쉽게 구할 수 있다.

아참, 스페인 국민 음식은 올리브예요. 지중해에 있는 나라들은 모두 올리브를 좋아하지만 스페인은 특히 세계 최대의 올리브 오일 생산국이에요. 전 세계 올리브 오일의 50퍼센트 이상을 생산한대요. 스페인 사람들의 올리브 사랑, 상상이 되시죠?

⑦ 예술의 영감이 샘솟는 도시, 파리

프랑스의 수도이자 프랑스에서 인구가 가장 많은 도시다. 예부터 세계적인 패션, 요리, 예술의 중심 도시라고 했으며 세계의 유학생들이 많이 몰려드는 곳이다. 아기자기하고 분위기 있는 센강이 도시를 가로지르고 있으며, 센 강변을 따라 걸으면 역사적인 문화 유적지나 현대적이고 독창적인 건물을 함께 볼 수 있다. 유럽의 주요 철도, 고속도로, 항공로 등이 지나는 핵심 도시다.

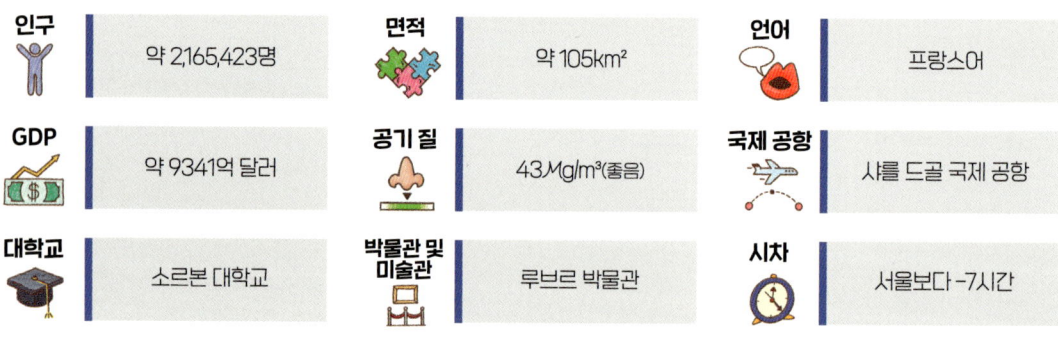

인구	약 2,165,423명
면적	약 105km²
언어	프랑스어
GDP	약 9341억 달러
공기 질	43㎍/m³(좋음)
국제 공항	샤를 드골 국제 공항
대학교	소르본 대학교
박물관 및 미술관	루브르 박물관
시차	서울보다 -7시간

파리를 빛낸 사람들

구스타브 에펠

파리를 상징하는 에펠탑을 만든 건축가다. 1885년, 프랑스에서 미국에 선물한 자유의 여신상의 구조를 설계하기도 했다.

정명훈

한국 출신의 세계적인 지휘자이자 피아니스트다. 1989년에는 파리 국립 오페라의 음악 감독을 맡았고 세계 유명 오케스트라를 지휘했다.

아베 피에르

프랑스 현대사에서 존경받는 인물 1위로 꼽히는 신부다. 파리의 노숙자들을 위한 자립 공동체를 세우고 평생 빈민을 구하는 활동에 힘썼다.

파리에서 가장 아름다운 다리, 알렉상드르 3세 다리

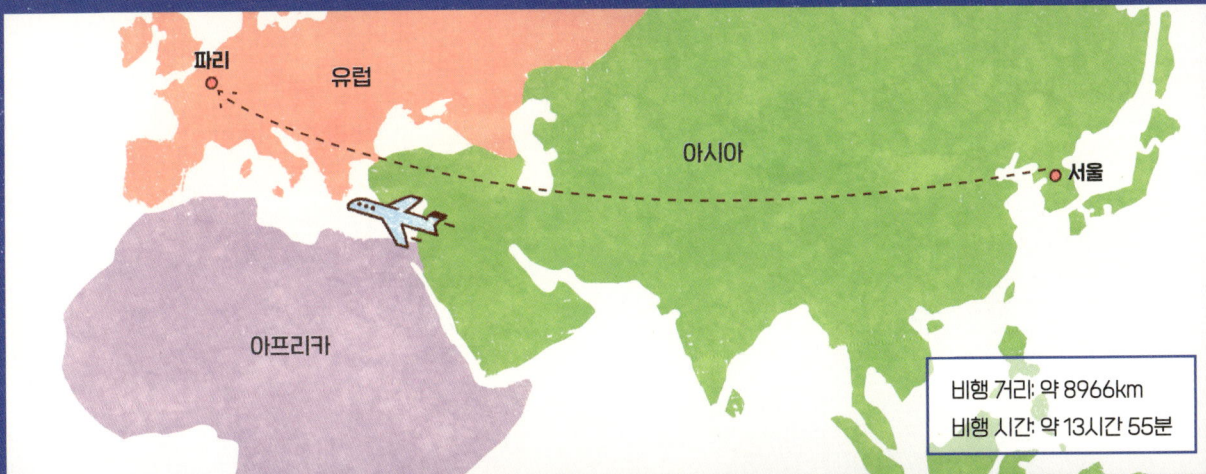
비행 거리: 약 8966km
비행 시간: 약 13시간 55분

파리를 대표하는 복합 문화 예술 공간인 퐁피두 예술 문화 센터

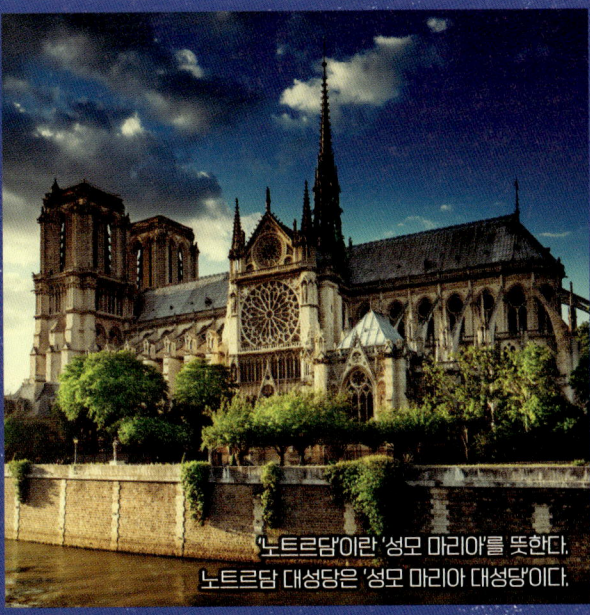
'노트르담'이란 '성모 마리아'를 뜻한다.
노트르담 대성당은 '성모 마리아 대성당'이다.

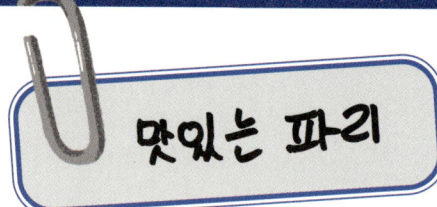
맛있는 파리

프랑스 요리는 세계적으로 유명하다. 프랑스는 넓고 비옥한 땅 덕분에 농업이 발달해 질 좋은 식재료가 많다. 프랑스 사람들의 섬세한 감각도 훌륭한 음식 문화를 발전시키는 데 도움이 되었다. 프랑스 하면 빵도 빼놓을 수 없는데, 세계의 많은 제빵·제과사들이 기술을 배우러 오는 나라가 바로 프랑스다. 파리는 이런 프랑스 요리가 모두 모여 있는 곳이다.

▌프렌치 토스트

우유와 달걀을 섞은 뒤, 빵에 발라 버터에 구워 먹는다. 시나몬이나 바닐라, 설탕 등을 더 넣기도 한다.

뜨거운 달팽이를 잡기 위한 집게.

달팽이 속을 빼내는 작은 포크.

▌에스카르고

마늘과 허브, 버터를 넣고 구운 달팽이 요리. 먹는 달팽이는 골뱅이와 비슷한 맛이라 한다.

바게트
긴 막대기 모양의 빵으로 겉은 바삭하고 속은 폭신하며 부드럽다.

캄파뉴
호밀가루와 밀가루를 섞어 만든 빵으로 프랑스 시골 빵이다.

브리오슈
버터와 달걀을 듬뿍 넣어 고소하고 달달한 프랑스 전통 빵.

크루아상
밀가루 반죽 사이사이에 버터를 층층이 넣고 빚어 만든 빵.
크루아상은 '초승달'이란 뜻이다.

마카롱
프랑스의 대표적인 디저트로, 요즘엔 우리나라에서도 인기이다.

에펠 탑이야말로 전 세계 랜드마크 중에서 가장 유명한 곳이 아닐까? 파리를 넘어 세계의 상징이 되었을 정도다. 많은 이들이 에펠 탑을 상상하며 파리 여행을 꿈꾼다. 에펠 탑을 처음 마주한 사람들은 공통적으로 "와, 생각보다 되게 크네요!"라고 말한다. 에펠 탑의 높이는 약 324미터, 무게는 약 1만 100톤이나 된다. 에펠 탑은 프랑스 혁명 100주년인 1889년에 파리 만국 박람회를 위해 지어졌다. 당시에는 세계에서 가장 높은 건축물이었다. 이 기록은 무려 41년간 유지되었다. 그런데 에펠 탑이 초창기에는 환영받지 못했다. 거대한 철골 탑이 고풍스러운 파리의 분위기와는 어울리지 않는다며 반대하는 사람들이 꽤 많았다. 소설 《목걸이》로 유명한 모파상은 에펠 탑이 싫다면서도 오히려 에펠 탑에 올라가 있곤 했는데, 파리에서 에펠 탑이 보이지 않는 곳은 이곳밖에 없기 때문이라고 했다는 일화가 있을 정도다. 그렇지만 현재 에펠 탑은 세계 관광지 중 유료 입장객 수가 가장 많은 곳이다.

에펠 탑

파리라는 도시의 낭만

"오~ 샹젤리제~ 오 샹젤리제~." 어디선가 들어 본 노래죠? 프랑스 노래를 샹송이라고 하는데, 가장 유명한 샹송 중에 하나지요. 샹젤리제는 개선문에서부터 콩코르드 광장까지 이어지는 파리의 거리 이름이에요. 샹젤리제를 찾는 인파는 하루 평균 약 10만 명이라고 해요. 수많은 사람들이 오가지만 도로가 넓어서 여유롭게 느껴져요. 샹젤리제 거리는 개선문에서 시작되는 12개의 길 중 하나예요. 개선문은 1836년에 완공되었으며, 프랑스 군대가 오스트리아-러시아 연합군에 승리한 전투를 기념하기 위해 세

> 개선문은 국가 기념일 등 큰 규모의 국가 행사가 많이 열리는 곳이야!

개선문

개선문은 에펠 탑과 함께 파리를 대표하는 상징적인 건축물로 여겨진다. 개선문을 중심으로 도로가 뻗어 있는 모습이 마치 별(etoile, 에투알)과 같아서 에투알 광장의 개선문이라 불리기도 했다.

워졌어요. 개선문의 전망대에 올라가면 개선문을 중심으로 12개의 길이 거미줄처럼 뻗어 나가는 모습을 볼 수 있답니다.

자유를 사랑하는 파리지앵

파리에 사는 자유로운 파리지앵은 평소 어떻게 시간을 보낼까요? 파리는 집값이 비싸기 때문에 주거 공간이 좁고 답답하답니다. 그래서 파리지앵들은 밖으로 나가 파리라는 도시를 자기 방식대로 즐긴답니다. 목적지 없이 산책을 한다거나, 카페의 야외 테라스에 앉아 거리를 구경하기도 하죠.

쇼핑의 명소로 유명한 샹젤리제 거리는 파리에서 가장 화려한 거리로 손꼽힌다.

새로운 친구를 사귀는 데도 거리낌 없는 편이고요. 날씨가 좋다면 잔디밭으로 향하거나 강변에 앉아 친구와 수다를 떨기도 합니다. 물가가 비싸기 때문에 자신의 금전적인 상황에 맞게 각각의 자유로움을 만끽하지요.

파리지앵은 개인주의 성향이 강해요. 다른 사람의 의견이나 사회의 관습에 휘둘리지 않고 자신의 기준에 맞게 살아간답니다. 법이 잘 보장되어 있어 결혼하지 않고 함께 사는 사람도 많죠. 이혼 가정에 대한 차별도 없고, 맞벌이와 육아 분담이 기본이라 엄마만 집안일과 육아를 전담하는 일도 없어요. 게다가 아이들의 절반 이상은 전통적인 가족 형태 안에 살고 있지 않습니다. 프랑스에서는 타인의 권리와 사생활을 침해하는 일에도 예민하답니다. "몇 살이에요?", "결혼했어요?", "애는 몇이에요?" 같은 질문은 프랑스에서는 상당히 무례한 질문이랍니다.

몽마르트르 언덕은 예술가의 거리로 유명하며 파리의 오래된 흔적을 느낄 수 있는 골목이 많다.

파리는 패션의 도시?

파리지앵은 유행을 따르지 않고 자신의 취향을 찾는답니다. 패션에 있어서도 자신에게 어울리면서 편하고 실용적인 옷을 구해 오래 입는 것을 선호하지요. 프랑스는 명품으로 유명하지만, 정작 프랑스 사람들은 명품 브랜드를 좋아하지 않아요. 남과 다른 개성을 추구하는 프랑스 사람들은 남의 것을 따라하며 브랜드를 자랑하는 모습을 별로라고 생각해요. 어떤 이들은 명품 로고를 떼고 사용하기도 한대요. 자신은 품질을 보고 산 것인데 브랜드를 보고 샀다는 이미지로 기억되고 싶지 않기 때문이라나요. 오히려 검소함을 미덕으로 여기는 문화이지요. 보통은 수수한 옷차림이 많지만 개개인의 개성을 존중하기 때문에 마음껏 멋을 부려도 괜찮답니다. 파리가 패션의 도시인 이유지요.

파리지앵은 쉬기 위해 살아가는 사람들!

파리 사람들은 휴가에 진심입니다. 휴가를 위해 일 년을 살아가는 사람들이지요. 파리에는 법적으로 1년에 최소 5주는 유급 휴가를 주는 법이 있어요. 법적인 근로 시간보다 더 많이 근무했다면 그만큼 휴가를 길게 받지요. 학생들에게도 중간중간 방학이 많습니다. 4월에는 부활절 방학, 7~8월 여름 방학, 11월 1일은 만성절 방학, 12월 25일에는 크리스마스 방학이 있는데, 보통 2주씩 방학 기간을 가져요. 게다가 파리의 초등학생들은 수요일에는 학교를 가지 않는답니다. 부럽죠? 수요일에는 주로 학교에서 배우지 못하는 문화 체험 활동을 하는데, 대개는 음악, 미술, 스포츠 등을 배우는 기회로 활용해요. 프랑스 사람들은 휴가 기간에 대개는 집을 떠나 다른 장소로 향합니다. 그래서 7, 8월의 파리에는 파리지앵은 없고 관광객으로만 북적거리는 풍경이 연출되기도 하지요. 게다가 평소에도 공휴일이 많고 축제도 많아요. 주말도 철저하게 지키는 편이라 관광지를 제외하면 주말에는 열지 않는 가게들이 대다수이고요.

파리에 대한 환상과 현실

많은 사람들이 환상을 품고 파리에 왔다가 실망하고 돌아가는 경우도 많지요. 가장 많은 불만이 터지는 부분은 지하철이에요. 사실 파리 지하철의 역사는 100년이 넘었거든요. 그만큼 오래된 역과 낡은 지하철이 많습니다. 에스컬레이터도 없고 계단뿐이라 바퀴 달린 가방을 끌고 다니며 여

레 두 마고는 파리의 대표적인 카페로 랭보, 사르트르, 보부아르, 피카소, 헤밍웨이 등 많은 예술가와 문인, 철학가들이 드나들던 역사 깊은 장소이다. 1933년부터 더 마고 상이라는 문학상을 만들어 수여하고 있다.

행한다면 고생 좀 하실 거예요. 인터넷은 물론 전화 연결도 안 되는 구간이 많고요. 냄새도 좀 납니다. 또 관광객에게 살가운 도시는 아니죠. 거리에 노숙자도 많고요. 그러니까 파리는 완벽한 이상향 같은 도시가 아니라는 거예요. 어디든 각각의 장점과 단점이 존재한다는 점을 새겨 두고, 열린 마음으로 만난다면 파리의 진정한 매력에 빠져들 수 있을 거예요.

파리에서 멋진 식사를 해 볼까?

프랑스 요리는 세계적인 수준으로 유명하죠. 파리에 왔다면 레스토랑에서 식사해 보면 어떨까요? 그전에 우리와 다른 식당 문화에 대해 알려 줄게요. 우선, 프랑스에서는 식당 입구에 들어서면 직원이 와서 몇 명이나

고 물을 거예요. 이때 직원이 안내한 자리에 앉는 것이 일반적이지만 꼭 원하는 자리가 있다면 말해도 괜찮아요. 그리고 메뉴판을 받은 뒤, 보통은 음료, 식전 음식, 식사 순서로 주문을 받아요. 디저트는 나중에 추가해도 괜찮고요. 작은 바게트 빵과 물 정도는 무료로 줍니다. 하지만 무료로 주는 물은 수돗물이에요. 현지인들은 수돗물을 마시지만 불안하면 따로 생수를 주문해야 합니다. 중간에 직원을 불러야 할 때는 눈을 마주친 뒤 조용히 부르는 것이 매너예요. 그렇지만 바쁜 레스토랑에서는 직원과 눈 마주치기도 쉽지 않기 때문에 적당히 분위기를 보고 손을 살짝 들어도 괜찮습니다. 마지막으로 계산할 때는 테이블에서 계산서를 받은 후, 다시 요금을 놓고, 잔돈을 돌려받는 순서입니다. 기다림이 필요해요.

파리의 시장을 구경해요

파리의 시장은 어떤 분위기일까요? 전국에서 싱싱한 농산물이 생산되는 만큼 저렴한 가격에 질 좋은 과일과 야채를 만날 수 있답니다. 바스티유 시장은 파리에서 가장 큰 시장이에요. 구경거리가 한가득이지요. 가장 눈에 들어오는 것 중 하나는 치즈예요. 세상에 치즈 종류가 이렇게 많았나 싶을 정도로 여러 종류의 치즈를 볼 수 있답니다. 다양한 간식이나 빵, 쿠키, 피자 종류의 디저트도 있고요. 먹거리 외에도 의류나 액세서리, 책과 신문, 파리 기념품 등도 판매합니다. 핸드메이드 제품도 있어요. 바스티유 시장에 가기 전엔 꼭 장바구니를 챙기는 것을 추천합니다. 환경을 위

프랑스 시장에서는 다양한 치즈를 맛보고 원하는 만큼의 양을 살 수 있다.

해 비닐봉지를 주지 않거든요. 조금 특별한 시장을 보고 싶다면 벼룩시장을 방문해 보세요. 파리 남부의 방브 벼룩시장과 북부의 생투앙 벼룩시장이 유명해요. 파리지앵들은 옛것에서 새로운 가치를 발견하는 것을 좋아하지요. 오래된 우표나 낡은 멋이 있는 소품을 사면 멋진 기념품이 될 거예요.

⑧ # 반짝이는 물의 도시, 베네치아

'물의 도시'라고 불리는 베네치아는 바다와 분리되어 생긴 호수 위에 나무를 박고 돌판을 얹어 건설한 도시다. 400개 이상의 다리로 연결된 120여 개의 자연 섬과 인공 섬들이다. 건물과 건물 사이의 물길 위로 좁고 길쭉한 곤돌라 배가 떠다니는 모습이 낭만적이다. 예술제가 열리거나 영화의 배경에도 등장하는, 세계적으로 유명한 관광 도시다.

인구	약 254,661명
면적	415.9km²
언어	이탈리아어
GDP	약 622억 달러
공기 질	58㎍/m³ (보통)
국제 공항	베네치아 마르코 폴로 공항
대학교	카포스카리 베네치아 대학교
박물관 및 미술관	국립 베네치아 궁전 박물관
시차	서울보다 -7시간

베네치아를 빛낸 사람들

안드레아 팔라디오

1546년 이후 베네치아에서 활약한 건축가다. 베네치아의 관광 명소인 산 조르지오 마조레 성당, 일 레덴토레 성당을 지었다.

알베르토 몬디

한국에서 유명한 베네치아 출신의 방송인이다. 오랫동안 한국에 거주하며 한국 사람들의 관점에서 이해하기 쉽게 이탈리아와 베네치아의 문화를 소개하고 있다.

비발디

베네치아 출신의 작곡가이자 바이올리니스트다. 오케스트라와 조화를 이루면서도 중간중간 악기의 독주 부분을 넣는다든지 기존과는 다른 형식의 협주곡을 선보여 많은 인기를 얻었다.

해산물 가득한 해물 토마토 파스타

베네치아의 중심인 산 마르코 광장 정면에 위치한 산 마르코 대성당

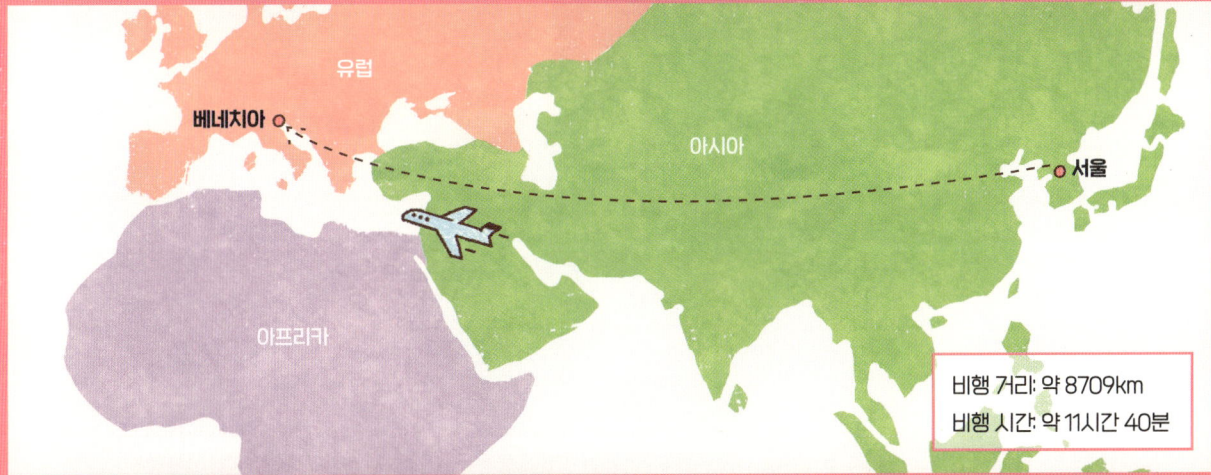
비행 거리: 약 8709km
비행 시간: 약 11시간 40분

리알토 시장은 베네치아의 신선한 해산물이 가득한 어시장으로 14세기경부터 지금까지 이어져 오고 있다.

중세 시대부터 번창했던 베네치아의 유리 공예

맛있는 베네치아

남북으로 길쭉한 지형 덕에 다양한 기후를 접하는 이탈리아는 유럽에서도 음식이 맛있기로 손꼽히는 나라이다. 그중에서도 아드리아해가 바로 앞에 있는 베네치아는 해산물 튀김, 해산물 파스타, 해산물 수프 등 이탈리아의 다른 지역보다 해산물을 이용한 요리가 많다. 멸치, 버섯, 치즈,

▎오징어 먹물 리소토

이탈리아식 쌀 볶음밥 리소토. 오징어 먹물 리소토는 베네치아에서 유래한 베네치아 전통 요리이다. 오징어 먹물로 만든 파스타도 베네치아의 명물이다.

▎치케티

치케티는 바게트 위에 프로슈토(생햄), 무화과, 해산물 등 무엇이든 얹어 먹을 수 있는 간단한 식사 혹은 간식이다. 베네치아에서는 저녁 식사 전 치케티를 즐기는 문화가 발달했다.

올리브 등의 식전 음식에서부터, 우리가 잘 아는 파스타나 리소토, 고기나 해산물을 중심으로 하는 메인 요리 등이 있다. 디저트 가운데는 티라미수가 가장 인기 있다. 가볍게 끼니를 때우고 싶다면 치케티도 좋다.

카르파치오

익히지 않은 쇠고기나 생선 등을 종잇장처럼 썰어 소스를 뿌려 먹는 카르파치오는 베네치아에서 유래했다. 빨간색과 흰색을 많이 사용한 화가, 카르파치오의 그림과 색감이 비슷해서 이런 이름이 붙었다고 한다.

바칼라 만테카토

'바칼라'는 '말린 대구', '만테카토'는 '휘젓는다'는 뜻이다. 바칼라 만테카토는 말린 대구를 간 것에 올리브유를 섞어 휘저어 가며 끓인 이탈리아식 퓌레이자 베네치아 전통 요리이다.

물의 도시 베네치아. 베네치아만큼 특색 있는 도시가 또 있을까? 베네치아는 120여 개의 크고 작은 섬으로 이루어져 있는 바다 위의 도시이자 운하의 도시다. 운하는 배가 다니기 위해 육지에 만들어 놓은 물길을 뜻하는데, 베네치아의 운하는 조금 다르다. 물길이 먼저 있었고 후에 땅을 만든 셈이기 때문이다. 베네치아에는 거미줄처럼 뻗어 있는 수많은 운하들 사이

로 마을이 모여 있는데, 400여 개의 다리가 수많은 운하 사이를 이어 주어 걸어 다니는 것이 가능하다. 아주 간혹 난간이 없는 다리도 있기 때문에 물에 빠지지 않게 조심해야 한다. 얼핏 보면 깊어 보이지 않아도 최소 2~3미터이고, 특히 대운하의 깊이는 5미터나 된다. 수영이나 다이빙은 금지되어 있다.

베네치아의 운하

본섬은 자연 섬과 인공 섬을 연결해서 만들었어.

스칼치 다리
코스티투치오네 다리
아카데미아 다리

베네치아 본섬

리알토 다리와 산 마르코 광장으로 유명한 베네치아 본섬이다. 리알토 다리 말고도 수많은 다리가 본섬 곳곳에 있다. 본섬은 대운하를 사이에 두고 마치 두 개의 섬이 악수하는 모양새를 띤다. 베네치아 본섬 안은 길이 좁고 복잡해 자동차가 들어올 수 없다. 그래서 베네치아 사람들은 보트를 이용한다.

어쩌다가 바다 위에 도시를 세우게 되었을까?

어쩌다 바다 위에 도시가 세워졌을까요? 5세기경 로마 제국의 멸망 후, 로마의 피난민들이 훈족의 공격을 피해 숨어든 곳이 바로 베네치아 바닷가의 석호 지대였어요. 석호는 바닷가에 모래가 쌓이면서 바다와 분리된 호수를 뜻해요. 피난민들은 석호 바닥을 살피며 단단한 땅을 만들 곳을 찾아냅니다. 물길이 흐르는 곳은 그대로 두고 솟아 있는 곳 위주로 나무를

박은 후 그 위에 돌판을 얹어 땅을 만들어 냈죠. 이렇게 만든 땅이니 당연히 안정적이기 힘들겠죠? 운하 관리를 잘못하면 물이 썩고 진흙이 쌓여 배가 드나들기 힘들어져요. 실제로 초창기 베네치아의 중심이었던 토르첼로섬은 운하 관리에 실패해 많은 이들이 새로운 삶의 터전을 찾아 떠나야만 했어요. 운하 관리는 베네치아인들에겐 숙명과도 같아요.

679년부터 1797년까지 1100년 동안 도제들이 머물렀던 두칼레 궁전과 산 마르코 종탑. 이탈리아는 19세기에 통일이 되기 전까지 여러 독립 국가로 나뉘어 있었다. 베네치아는 당시 베네치아 공화국이었고, 국가 원수는 도제라는 이름으로 불렸다.

유럽에서 가장 부유했던 나라, 베네치아

비록 피난민의 신세에서 시작했지만, 베네치아인들은 훗날 유럽 최고로 부유하고 강한 나라를 일굽니다. 바다를 땅으로 만들 정도의 개척 정신은 지중해를 개척하기에도 충분했나 봐요. 베네치아는 지중해로 나아가 그리스, 튀르키예 등과 무역을 하기 시작했습니다. 튀르키예는 예부터 온갖 진귀한 물품들을 거래하는 곳이었죠. 베네치아는 이 물품들을 유럽으로 가져와 거래하면서 지중해의 중심으로 우뚝 섰습니다. 셰익스피어의 희극 〈베니스의 상인〉을 아시나요? 베니스는 베네치아의 영어 이름입니다. 상인을 소재로 한 희극의 배경이 될 만큼 베네치아는 대단한 상업 도시였죠. 그러다 보니 자연스럽게 외교에도 능했고요. 세계 최초로 금융업이 생긴 지역이기도 합니다.

베네치아의 심장, 산 마르코 광장으로!

미로 같은 베네치아의 골목골목을 돌다 보면 어느새 엄청나게 너른 광장에 다다르게 됩니다. 커다란 광장에는 화려한 성당과 베네치아가 한눈에 내려다보이는 종탑, 세계에서 가장 오래된 카페와 이제는 박물관이 된 옛 행정 관료들의 사무실이 광장을 감싸고 있어요. 과거 나폴레옹은 산 마르코 광장을 보고 '세상에서 가장 아름다운 응접실'이라는 표현을 썼습니다. 산 마르코 광장은 과거 베네치아 정치의 중심지였습니다.

운하 위를 둥둥, 곤돌라는 어떤 배일까?

궁전 구경을 마치고 밖으로 나가 보면 선착장에서 수십 대의 배가 기다리고 있어요. 이 까만색 작은 배의 이름은 곤돌라입니다. 베네치아 운하 구석구석을 돌아다니죠. 곤돌라는 베네치아를 더욱 특별하게 만들어 줍니다. 그리고 곤돌라를 더욱 빛나게 만들어 주는 사람들이 있으니 곤돌라의 뱃사공, 곤돌리에입니다. 줄무늬 티셔츠와 밀짚모자로 멋지게 차려입은 베네치아의 상징이죠. 곤돌라는 이동 수단보다는 관광 보트 느낌에 가까워요. 곤돌라 하나에 최대 6명까지만 탈 수 있다 보니 탑승 가격은 꽤 비싼 편이에요. 30분을 타기 위해서는 80유로, 약 11만 원 정도 들어요.

베네치아의 명물 곤돌라와 곤돌라의 뱃사공 곤돌리에. 곤돌리에는 멋들어진 노래도 불러 주고 베네치아의 역사 지식에도 해박하다. 곤돌리에가 되려면 곤돌라 전문 학교를 졸업해야 하며 경쟁이 치열하다.

베네치아의 전통 시장을 구경해요

베네치아에 있는 400여 개의 다리 중에 가장 유명한 다리를 꼽자면, 바로 리알토 다리가 그 주인공이에요. 리알토 다리 위에는 상점가가 서 있기 때문에 도시의 연장선처럼 느껴지기도 해요. 리알토 다리 인근은 베네치아 경제의 중심이었어요. 베네치아 최대의 장이 들어섰던 곳이죠. 지금도 리알토 다리 주변에서는 활기찬 시장을 만날 수 있는데 바로 리알토 마켓이에요. 각종 신선한 해산물과 채소를 만날 수 있지요. 베네치아는 바다 위의 도시인 만큼 싱싱한 해산물들이 많습니다. 갑오징어, 가리비, 새우 등이 인기라고 해요. 채소와 과일 가게에서는 이탈리아 전국 각지에서 생산된 청과물들을 만날 수 있어요. 리알토 마켓을 구경하고 싶다면 아침 일찍 가는 것을 추천해요. 오전에만 열리거든요.

베네치아 대운하에는 총 4개의 다리가 있는데, 리알토 다리는 그중에서도 가장 일찍인 1588년경 만들어진 다리이다. 1800년대까지 걸어서 대운하를 건널 수 있는 유일한 길이었다.

가면을 쓰고 카니발 축제로!

베네치아의 2월은 더욱 특별합니다. 바로 카니발 축제가 열리기 때문이죠. 카니발은 본디 사순절에 앞서서 3~7일 정도 즐기는 기독교 명절이에요. 사순절은 부활절 전까지 여섯 번의 일요일을 제외한 40일을 뜻하고요. 이 기간 동안은 해가 떠 있는 동안은 음식을 먹지 말아야 했어요. 종교적 신념이 강했던 과거에는 꽤나 중요한 기간이었죠. 사순절이 시작되면 고행의 시간을 보내야 하므로 사순절을 앞두고 마지막으로 신나게 놀아 보자는 축제가 바로 카니발이에요. 지금도 카니발 축제 때 베네치아를 방문하면 화려한 가면을 쓴 사람들로 북적이는 광장을 볼 수 있어요. 한때는 베네치아에서 가면이 평범한 복장이었대요. 자유로움을 누리고 싶었던 베네치아 사람들의 유행이었어요. 꽤나 재미난 유행이었지만, 사회 분

이탈리아 최대 축제 중 하나인 베네치아 카니발. 온갖 공연과 퍼레이드가 펼쳐진다.

위기나 질서 유지에 좋지 않다고 판단되어 금지되었다고 합니다.

베네치아에도 걱정이 있어요

이렇게 멋진 베네치아에도 걱정거리가 있습니다. 바로 매년 섬이 가라앉는 거예요. 과거에 만든 땅이 세월이 흐르면서 점점 가라앉는 것이죠. 게다가 지구 온난화로 인한 해수면 상승이 여기에 불을 붙이고 있죠. 해수면이 지난 100년간 24센티미터나 상승했다고 해요. 이러다 100년 후에는 베네치아 전체가 바다 밑으로 가라앉는 것이 아니냐는 우려가 나오고 있습니다. 지금도 겨울에 베네치아를 방문한다면 종종 아쿠아 알타 현상을 목격할 수 있어요. 아쿠아 알타 현상이 일어나면 바닷물이 높아져서 베네치아 땅이 60~130센티미터 정도 물에 잠기게 됩니다. 대홍수가 난 것처

럼 산 마르코 광장이 바닷물로 덮이지요. 게다가 베네치아는 오버투어리즘으로 골머리를 앓고 있기도 합니다. 오버투어리즘이란 너무 많은 관광객들로 관광지가 사회적, 환경적으로 피해를 입는 현상이에요. 베네치아 본섬에는 약 4만 5000명의 주민들이 살고 있는데 하루에 약 6만 명의 관광객들이 방문하거든요. 현지인보다 관광객이 더 많은 도시인 거죠. 소음, 쓰레기 등의 문제에 시달리다가 베네치아를 떠나는 주민들도 많아졌대요. 현지인과 관광객 모두를 위한 착한 여행이 필요한 시기입니다.

<개요에 실린 참고 자료 출처>

-인구와 면적은 www.citypopulation.de에 수록된 자료를 참고하였으며 대체로 2021년 기준입니다.
-공기 질은 미국 환경보호청(EPA)이 제공하는 AQI(Air Quality Index)에 수록된 자료를 참고하였으며 측정 기준 일은 2022년 7월 5일입니다.
-GDP는 en.wikipedia.org/wiki/List_of_cities_by_GDP에 수록된 자료를 참고하였으며 기준 연도는 대체로 2021년입니다(베네치아의 GDP는 베네토주의 합산 GDP).
-지도에 삽입된 비행 거리는 대략의 평균적인 기준으로 www.distance.to 자료를 참고하였습니다. 소요 시간은 구글의 자료를 참고하였으며 최단 소요 시간이 기준입니다. 소요 시간은 항공사 등의 사정에 따라 바뀔 수 있습니다.
-대학교, 박물관 및 미술관은 해당 도시를 대표하는 곳으로 선정하였습니다.

사진 저작권

p6 조슈아 윙, 마틴 리추밍, 소방방, p20 차이잉원, 우밍이, p34 반종 피산다나쿤, 아타차이 페어텍스, 아논 남파, p48 토마스 스탬포드 래플스, 잎핀수, p62 오르한 파묵, 김연경, 미마르 시난, p75 안토니 가우디, 카를레스 푸욜, 호세 카레라스, p92 구스타브 에펠, 아베 피에르, p106 안드레아 팔라디오, 알베르토 몬디, 비발디 ⓒ 위키미디어

p7 홍콩 삼판, 홍콩 문화 센터, 난리안 가든, p8 딤섬, 완탕면, p9 점보 식당, p10~11 홍콩 전경, p15 홍콩 아파트, p16 차찬텡 메뉴, p17 다이파이 동, p18 홍콩 택시와 트램, p21 타이베이 경극, 시먼훙루, 타이베이의 오토바이들, p22 우육면, 루러우판, p24~25 타이베이101, p26~27 대만 국립 고궁 박물원, p30 샤오룽바오, 훠궈, p32 스린 야시장, p33 보장암 예술촌, p35 왓 벤차마보핏, 툭툭, 송끄란 축제, p36 무카타, 똠양꿍, p37 솜땀, p38~39 왓 아룬 사원, p40~41 짜오프라야강, p42 카오산 로드, p43 마하 쁘라삿, p44 왓 프라깨우, p46 짜뚜짝 시장, p49 두리안, 내셔널 갤러리 미술관, 주얼창이, 카야 토스트, p50 마리나 베이 샌즈 호텔, 가든스 바이 더 베이, p51 러닝 허브, 에스플러네이드, p52~53 머라이언 공원, p54 싱가포르 날씨, p57 싱가포르 차이나 타운, 리틀 인디아, 아랍 스트리트, p59 벌금 안내판, p61 호커 센터, 치킨 라이스, p65 케밥과 케밥 가게, p68~69 블루 모스크, p70 아야 소피아, p76 카를레스 푸욜, p77 바르셀로나 대성당, p78 칼솟, 하몽, p79 타파스, p80~81 구엘 공원, p82~83 바르셀로나 전경, p88 캄프 누, p89 타파스 바, p93 알렉상드르 3세 다리, 퐁피두 예술 문화 센터, 노트르담 대성당, p94 프렌치 토스트, 에스카르고, p95 바게트, 캄파뉴, 크루아상, 브리오슈, 마카롱, p96~97 에펠 탑이 보이는 파리 전경, p98~99 개선문, p100 샹젤리제 거리, p101 몽마르트르 언덕, p103 레 두 마고, p105 프랑스 치즈, p107 해물 토마토 파스타, 산 마르코 대성당, 리알토 시장, 베네치아 유리 공예, p108 오징어 먹물 리소토, 치케티, p109 카르파치오, 바칼라 만테카토, p110~111 베네치아의 운하, p112~113 베네치아 본섬, p114 두칼레 궁전과 산 마르코 종탑, p116 곤돌라와 곤돌리에, p117 리알토 다리, p118 베네치아 카니발 ⓒ 123rf

p63 보스포루스해협, 바닷가 찻집, 튀르키예식 전등, p64 시미트 빵, 고등어 요리, 카다이프, 홍차, p66~67 갈라타 다리, p71 갈라타 탑, p72 식당에 나타난 고양이, p74 그랜드 바자르의 향신료 가게, p77 카사 바트요, 보케리아 시장, p78 새우, 조개, p84 사그라다 파밀리아 성당, p86 카사 밀라 p90 바르셀로나 해산물 ⓒ 최일주

2022년 7월 22일 1판 1쇄
2023년 5월 19일 1판 2쇄

글쓴이 서지선
그린이 지수

편집 최일주, 이혜정, 김인혜 | **사진 및 그림의 설명글** 편집부 | **디자인** 지수
제작 박흥기 | **마케팅** 이병규, 양현범, 이장열, 김지원 | **홍보** 조민희 | **인쇄** 코리아피앤피 | **제책** J&D바인텍

펴낸이 강맑실 | **펴낸곳** (주)사계절출판사 | **등록** 제406-2003-034호
주소 (우)10881 경기도 파주시 회동길 252
전화 031)955-8588, 8558 | **전송** 마케팅부 031)955-8595, 편집부 031)955-8596
홈페이지 www.sakyejul.net | **전자우편** skj@sakyejul.com | **블로그** blog.naver.com/skjmail
페이스북 facebook.com/sakyejulkid | **인스타그램** instagram.com/sakyejulkid

ⓒ 서지선, 지수 2022

값은 뒤표지에 적혀 있습니다. 잘못 만든 책은 구입하신 서점에서 바꾸어 드립니다.
사계절출판사는 성장의 의미를 생각합니다. 사계절출판사는 독자 여러분의 의견에 늘 귀 기울이고 있습니다.
이 책은 저작권법에 따라 보호받는 저작물이므로 무단 전재와 복제를 금합니다.

ISBN 979-11-6094-946-9 73980
ISBN 978-89-5828-770-4(세트)